小さくても愛される“繁盛サロン”に大変身!!

小さなサロンのための

ネット音痴なあなたも!
売上200%UP!!

売り込まないネット集客の極意

マーケティングコンサルタント
穂口大悟

BAB JAPAN

はじめに

「サロンのインターネット集客」と聞くとどんなことを思い浮かべるでしょうか？

ホームページの内容充実、検索エンジン対策（ＳＥＯ）、フェイスブックやツイッターでの交流、ブログの更新や「ペタ返し」……。

サロンが活用できるインターネットツールは日進月歩で進化し、常に新しい活用テクニックが登場します。（またそのようなテクニックを喧伝するにわかコンサルタントも次々に登場します）サロンオーナーさんたちはこのような「最新のインターネット集客情報」に翻弄されているのではないでしょうか。

しかし、冷静に考えてみてください。

流行りのインターネットツールと活用テクニックを駆使して一時的に集客

に成功しても、サロンというビジネスでは意味がないのです。

サロンのウリやオーナーの想いを丁寧に伝えて、息の長いファンになっていただくように集客しないと、ずっとサロンを続けることはできません。

大切なのは、インターネットツールは「お客様にサロンのことをお伝えする道具」にすぎないと認識することです。

あくまでも自分のサロンにあったインターネットツールを、自分のサロンにあった活用法で使用すればよいのです。

本書では、私がサロンのマーケティングコンサルティングの現場で遭遇する、オーナーがやってしまいがちな「よくある間違い」を例にあげ、その回避策を解説することを通じてインターネットツールを自分のサロンに合わせて活用するための知恵と具体的なノウハウを提供しています。

第一章では、サロンのインターネット活用の中心となる「公式ホームページ」に関するよくある間違いをあげながら、サロンに求められる「インターネット上のもう一つのサロン」としてのホームページを作るために必要な要件を解説します。

第二章では、サロンにもっとも親しまれている情報発信ツールであるブログと近年流行を見せている、フェイスブックやツイッターなどのSNS（ソーシャルネットワーキングサービス）に関するよくある間違いをあげながら、少ない時間の中でどのようにこれらのメディアを使い分けながらマーケティングに活用するべきかについて解説します。

最後の第三章では、これまでに解説してきた様々なインターネットメディアの活用の前にしておくべき、発信する内容の明確化について述べています。サロンの経営目的を明文化し、強みを洗い出し、ターゲットを定めて、サロンのウリをつくるといった、言わばインターネット集客の前の「下ごしらえ」の具体的な方法を解説します。

どうかインターネットだからといって構えないでください。

繰り返しますが、インターネットはあなたのサロンの魅力をお客様に伝えるための道具にすぎません。

大切なのは、「何を伝えるのか」、「どのように伝えるのか」だけです。

「インターネットという便利な道具を使って、お客様の心に響くよう、どうやってサロンの魅力を伝えようか」

という気持ちで本書を読み進めていただければうれしいです。

穂口大悟

CONTENTS

はじめに 2

第1章
残念ホームページを『サロンの分身』に変える13のヒント

1 TOPページはホームページの店構え 1秒で「何屋さん」なのかアピールを！ 12
TOPページは「ホームページの店構え」と心得る！ 13／「何屋さんか」を伝えるにはビジュアルで表現するのが一番！ 15
コラム TOPページでどれくらいの情報量を出すべきか？ 18
コンサルタントは見た！ セラピスト集客あるある4コマ① 「これ何屋さん？」 19

2 せっかくの「こだわり」や「サロンの強み」伝えモレしていませんか？ 20
こだわりを語る時はバランスに注意 20／こだわりを伝えるには4つの分野から考える 23
コラム こだわりは小さなサロンの宝物！ モレなく伝えましょう。 27
コンサルタントは見た！ セラピスト集客あるある4コマ② 「お金のため？」 28

3 「おしながき」かい!? 金額だけのメニューページ 29
お客様は比べる内容がなければ価格で比べます 31／価格競争にならないためのメニューページで押さえたいポイント 32
コラム 小さなサロンはオリジナルメニューで勝負！ 34

4 メニュー説明の「順番間違い」はいきなりプロポーズしてフラれるのと一緒！ 35
いきなりプロポーズは成功するか？ 35／メニューの説明に必要なのは愛だ（AIDA）！ 37
コラム 消費者購買行動はテレビショッピングを参考にしてみて!! 43

5 OH！ NO！ プロフィールの写真が怖い！ 44
お客様には「後ろめたい」ことがある？ 44／ホームページで笑顔写真が効果的な場面は？ 47
コラム どうしても勝負写真を載せたい時は…… 49

6 プロフィールには「余計な情報」をたっぷりと！ 50
お客様は「余計なこと」に共感し、親近感をもつ 50／プロフィールに入れたい余計なこととは？ 52
コラム プライベート情報は状況を考えて 55

7 人間味あるプロフィールの見せ方は感動映画に学ぶ 56
感動映画に学ぶ！ 共感のストーリー 56／セラピストの共感のストーリーの作り方 59
コラム セラピストさんの人生はみんなドラマチック！ 62

8 「良くあるご質問」で、サービス説明はNG！ 63
良くあるご質問ページは、お客様への思いやりページ 64／お客様から「ほんとうに」良くあるご質問はこの3分野 66
コラム お客様に伝えたいメニューに関する「良くあるご質問」がある場合はどうする？ 69

9 お客様の声は武器！ 必ず掲載しよう 70
客観的な証拠と、自分と同じ立場の方の主観的な感想のバランス 71／こうすれば効果的にお客様の声を届けられる 73
コラム インタビュー的な記事にすることで読み物としての面白さも 75

10 「鉄は熱いうちに打て！」サロンへの連絡手段は全ページの上下に 76
ホームページのゴールを明確に配置しましょう 76／こうすれば「その気」になったお客様の気持ちが冷めない 79
コラム 同じページに電話番号やご予約フォームボタンが2つあっていいのです！ 81

11 予約フォームの設問は必要最小限に！ 82
予約フォームの設問はとにかく最小限に！ 83／お客様に嫌われない予約フォームづくりのポイント 84
コラム ネットショップで最も嫌われる「カゴ落ち」 87

12 メルマガ登録は、ホームページの効果を高める「魔法のツール」 88
メルマガはホームページの効果を2倍3倍にする！ 88／ホームページにメルマガ登録を設置する時のポイント 90
コラム 見込のお客様へのフォローが最も効果的な理由 92
コンサルタントは見た！ セラピスト集客あるある4コマ③ 「計算しようよ」 93

13 「お役立ちコラム」が新規のお客様を連れてくる！ 94
既存のお客様への「お役立ちコラム」が新規のお客様に響く 94／ホームページでのお役立ちコラム更新のポイント 97
コラム 既存のお客様に向けたサービス情報の方が伝わる！ 99

セラピスト支援のプロに聞く！ サロンのインターネット活用のポイント①② 100

第2章

「売り込まない」ためのブログとSNS活用8のヒント

1 ブログ・ホームページ・SNS・メルマガはこう使い分けて集客につなげる！ 106

情報発信手段の使い分けは特徴を考えて自分で決める 106

サロンが情報発信に利用する主要4手段の特徴とは？ 107

コラム 情報発信は単発勝負よりもチームワークで！ 112

コンサルタントは見た！ セラピスト集客あるある4コマ④ 「SEOって大切だよね！」 113

2 無料ブログの思わぬ落とし穴!! 114

無料ブログはなぜ無料なの？ 114／無料ブログサービスのメリット・デメリットまとめ 117

コラム 今はサイト内ブログがトレンド 121

コンサルタントは見た！ セラピスト集客あるある4コマ⑤ 「何のためのブログ？」 122

3 ホームページ×ブログは魅力発信の最強コンビ♥ 123

「怖がっている」お客様にブログの情報では不足 123／ブログとホームページの合わせ技で、集客ロスをなくそう 126

コラム 見た目ではなく、中身で勝負しよう 129

コンサルタントは見た！ セラピスト集客あるある4コマ⑥ 「ありのままで……」 130

4 集客ミエミエのブログはイタい！ 131

新規狙いの文章は難しい！と覚えておきましょう 131／集客ミエミエブログになることを避ける4つの工夫 134

コラム ブログの内容はお客様軸で考えよう 137

5 食わず嫌いはやめて♥SNSデビューのススメ 138

まずは、サロンとして何のためにSNSを活用するのかを明確にしよう 138

これから始める人のための、SNSを楽しむための5ステップ 141

コラム SNSは「リアルの延長」。特別に考えすぎないで 144

6 SNSも恋愛と同じ!? 適度な距離感を 145

SNSも現実社会も同じ。のめり込むと疲れる！ 145／SNS疲れを起こさないための4つのポイント 146

コラム あまりにも疲れてしまうのであれば、SNSを止めるという選択肢も 150

7 SNSでの濃い発信はモッタイナイ！ 151

SNSは「貯まりにくい」メディア 151／SNSでの濃い情報発信は、ブログやホームページとの連携が基本 152

コラム 今後登場する新しいSNSに対応するには？ 156

8 パーティ会場（SNS）ではポジティブ発言を 157

SNSはパーティー会場 157／セラピストとしてのSNS利用で気をつけたいネガティブ投稿 158

コラム コメントでもネガティブは避けよう 161

セラピスト支援のプロに聞く！　サロンのインターネット活用のポイント③④ 162

第3章 「売り込まない」ネット集客のための下ごしらえ

1 お宝発掘でサロンのウリを明確に！ 168

サロンのインターネット集客失敗の原因の9割は「下ごしらえ不足」 168／サロンのウリを明確にするための5つのステップ 169

コラム 軸がブレることが悩みのセラピストさんは、立ち止まってウリを明確にしてみよう 173

2 「なんのためにサロンを経営しているのか？」がズバリ経営理念！ 174

お金は目的ではなくサロンを続けていくための「燃料」 174／経営理念を考える3つのステップ 175

コラム いろいろな会社の経営理念を見てみよう！ 179

3 どうなりたいのかを目指して集客していない 180

理念に向かって進めばどんな未来になる？ 180／サロンのビジョンを描くコツは具体的に妄想すること 181

コラム 「5年後」のビジョンは良い感じの距離感 185

4 思い切って〝ターゲットをひとりに絞ってみる〟 186

一度ターゲットの「ど真ん中」を一人に絞ってみる 186／理想のお客様像「ペルソナさん」をつくろう 187

ペルソナさんが大切にしている価値観とは？ 190

コラム お客様を一人に絞りこまないと、「お客様目線」には立てない 193

5 自分のサロンの「強み」と「価値」って何だと思いますか？ 194

「強み」と「価値」の本当の意味とは？ 195／本当の「強み」と「価値」を発見する方法 197

「強み」をお客様の目で見ると「価値」になる 198

コラム あいまいな強みは「見える化」で本当の強みに！ 200

コンサルタントは見た！ セラピスト集客あるある4コマ⑦ 「儲けたくないんです？」 201

6 「悩み解決」×「サロンの強み」＝ウリ！ 202

悩みの解決（願望の実現）とサロンの強みの交差点にウリはある！ 203／ペルソナさんの悩みと自分のサロンの強みをクロス分析する 203

コラム 現在サロンに無いウリは作ってしまえばOK！ 207

7 オリジナルメニューはまるでお子様ランチ 208

オリジナルメニューは「お子様ランチ」 209／あなたのサロンだけのオリジナルメニューをつくる方法 211

コラム なんでもご相談ください！は上から目線？ 214

8 サロンの強みはリアル！人を活かした集客術 215

サロンの強みはリアル。リアルを活かしたインターネット集客を 215／リアルとインターネットを連携させるための3つのヒント 216

コラム すべてのお客様接点にインターネットへの誘導を 220

9 集客の後が描けると安定繁盛店に♥ 221

必要なのは既存客フォローと見込客フォロー 222／既存客・見込客のフォローの5つの切り口 223

コラム 繁盛サロンには必ずフォローの仕組みがある！ 227

10 「ブランド」の正体は、サロンのウリをはっきり認識すること！ 228

すべてのお客様との接点にウリが反映されるように 228／まとめたウリはここで使う！ 229

コラム ウリは定期的に見直すべし 234

おわりに 236

第1章

残念ホームページを『サロンの分身』に変える13のヒント

ホームページは、「ただあればいいもの」でも「サロンを売り込むもの」でもありません。必要なメニューを探しているお客様に、サロンのことやセラピストのことを丁寧にお伝えする場所がホームページなのです。つまりホームページは、「インターネット上のもう一つのサロン＝サロンの分身」。あなたのサロンのホームページは、サロンの「分身」になっているでしょうか。この章では、サロンの分身となるようなホームページ作りのために必要なチェックとヒントをお伝えします。

1 TOPページはホームページの店構え 1秒で「何屋さん」なのかアピールを！

TOPページは、ホームページの「店構え」です。そのTOPページに「サロン」であることも書いていなければ、施術やセッション風景の写真もない。あるのは抽象的なメッセージとイメージ画像だけ……。というサロンのホームページがよくあります。

このページを見たお客様はどう思うでしょうか？

「えっ？ ここ何屋さん？」と思うことでしょう。

そうすると、「ここには私の探しているものはなさそう……」と瞬時に判断して、ブラウザの「戻るボタン」をクリック。そして、別のサロンのホームページに行ってしまいます。

そう、パッと見て何屋さんであるか判断できないTOPページでは、お客様を追い返しているのと同じなのです。

TOPページは「ホームページの店構え」と心得る！

実際のお店でも、店構えをパッと見て何屋さんなのかがわからないと怖いですよね。よっぽど好奇心旺盛な人じゃないと、お店の中へ入っていけないものです。そもそもお店だと分からなければ、気にもとめてもらえません。

これは、ホームページでも同じです。**TOPページは「ホームページの店構え」**です。お客様がTOPページをパッと見た瞬間に、自分が探しているサロンであると認識してもらえないと、いくら良い内容でも見てもらうことすらできないのです。

私がこういうお話をすると、

「うちが提供しているのは、女性の輝く笑顔を取り戻すこと。技術だけを売っている、ただのサロンだと思われたくないの！」

とおっしゃるセラピストさんがおられます。だから、具体的なメニュー名をストレートに表現したくないと考えるのでしょう。

もちろんその想いもわかります。ですが、その想いばかりを前面にだしてしまうと、表現が抽象的になりすぎて、お客様に伝わらなくなってしまうのです。

TOPページでは、セラピストさんの想いとともに、具体的なメニュー名や写真などで、

お客様に１秒でアピールするTOPページ

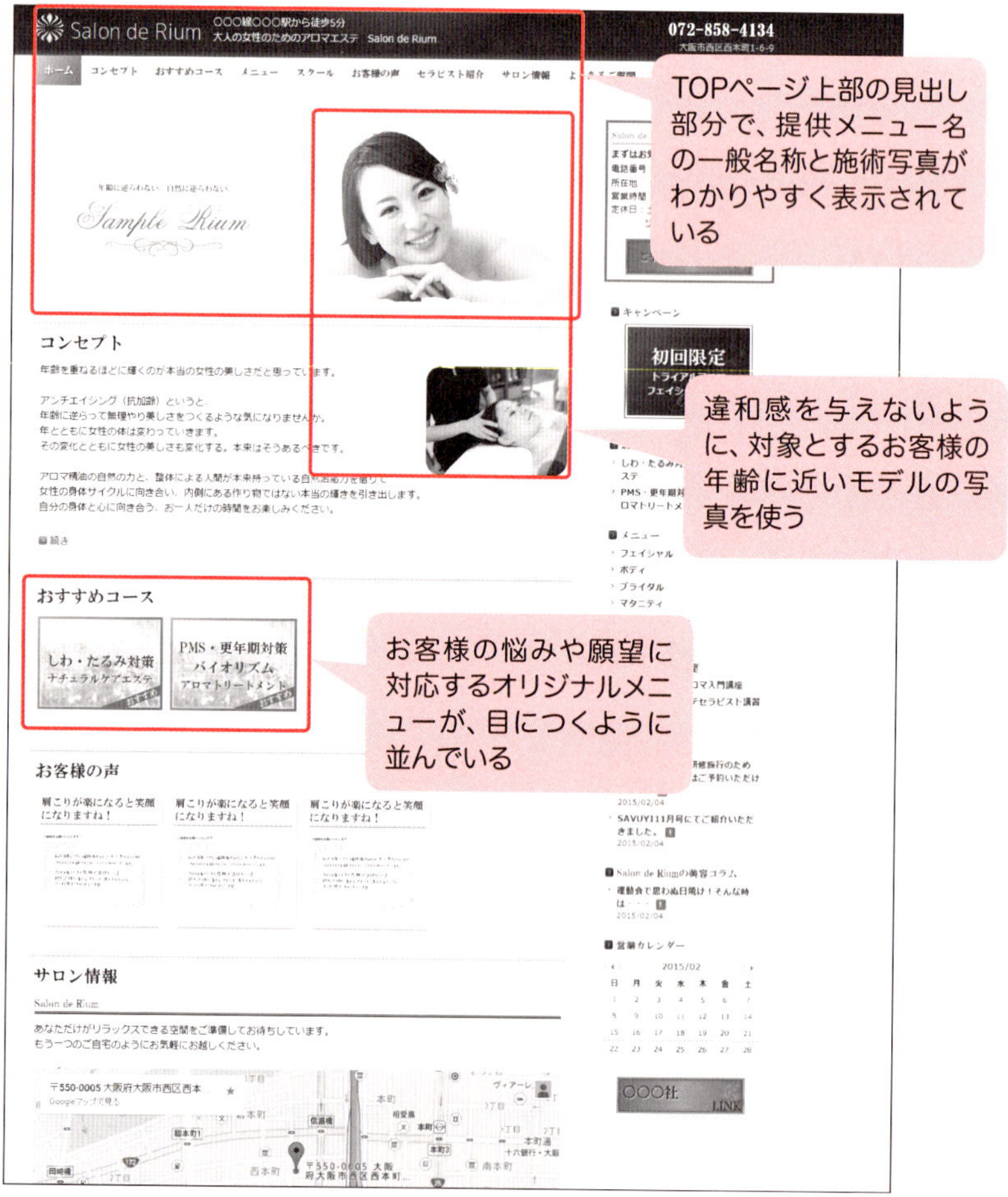

TOP ページはホームページのお店構え。まずは何屋さんなのかを１秒でアピールできることが大切です。シンプルな第一印象で、より丁寧な説明ができる下地をつくりましょう。

サロンであることをストレートに表現することも大切です。

「何屋さんか」を伝えるにはビジュアルで表現するのが一番！

1. サロンであることがパッとわかる写真とタイトル、キャッチコピー

ホームページをご覧になったお客様に、1秒で「何屋さんか」を認識してもらうには、**ビジュアルで表現するのが一番**。

エステサロンやアロマサロンの場合は、施術中の写真、ヒーリングサロンなどではカードやボトルでのセッション写真を載せると、視覚的なイメージで伝わります。

表現が難しいのは、カウンセリングや、道具を使わないヒーリング・セラピーの場合ですが、できるだけセッション中の写真を使うようにしてみてください。

あとは、**わかりやすいタイトルやキャッチコピー**で「何屋さん」かを表現しましょう。「天使のタッチ」などのように自分が命名した独自のメニュー名を使っている場合でも、「フェイシャルエステ～天使のタッチ～」のように誰にでもわかるサービス名称で補足するようにしましょう。

2.「誰向けのサロン?」を明確に

「何屋さんであるか」が表現できたら、次に考えたいのが対象の明確化。つまり**「誰向けのサロンなのか」**をわかりやすく表現することです。

ここで注意が必要なのは、**〝対象の表現が明確すぎると逆効果な場合もある〟**ということ。例えば高年齢層向けのアンチエイジングサロンの場合、「お年寄りのためのエステ」とズバリと言ってしまうと対象となる高年齢層にかえって敬遠されてしまいます（「美しくなりたい」というお気持ちでエステを探しておられる高齢者のお客様のテンションを下げてしまいますものね）。**この場合、「大人のための……」「違いのわかる女性のための……」「アンチエイジング……」など、暗に対象をほのめかす言葉を使うこと**が求められます。

また、施術やセッション中の写真を使う場合、施術を受ける**モデルさんにできるだけ対象顧客の年齢に近いモデルさんを起用する**ようにするのも大切。例えば、高年齢層向けのアンチエイジングサロンのTOPページに20歳代のモデルさんに施術している写真を使うと「誰向け」なのかが解らなくなってしまいます。

（>>対象者を明確に描く方法は、186頁の「思い切って〝ターゲットをひとりに絞ってみる〟」を参照）

3. サロンのウリをオリジナルメニューにして並べる

最後に意識したいのが、他のサロンとの違い。ストレートに「何屋さん」なのかを表現することは大切なことなのですが、すべてをストレートに表現してしまうとライバルのサロンとの違いがわからなくなってしまいます。

そこでおすすめなのが、サロン独自の強みを活かして、お客様の悩みを解消する**「オリジナルメニュー」**を作ってしまうことです。

お客様が高年齢層のサロンの例で言うと、単なる「フェイシャル」や「ボディトリートメント」等のメニューをＴＯＰページで前面に出すのではなく、「しわ・たるみ対策アロマコース」や「更年期障害の方のためのリラックスコース」などの、**お客様の悩みに対応したオリジナルメニューを作ってしまう**のです。

そして、そのオリジナルメニューをＴＯＰページに並べることで、サロンの特徴が一目で分かるようになります。お店の店頭にイチオシ商品を並べるイメージですね。

すると、お客様がホームページをひと目みた瞬間に、他のサロンとの明らかな違いが分かるのです。

（＞＞オリジナルメニューの作り方は、２０８頁の「オリジナルメニューはまるでお子様ランチ」を参照）

ホームページ編

小さなサロンのネット集客ポイント01

TOPページを見た瞬間に「何屋さん」なのかがわからないとお客様は帰ってしまう！

Column

TOPページでどれくらいの情報量を出すべきか？

いろいろなサロンのホームページを見ていると、TOPページの情報量に違いがあることに気づきます。すごくシンプルな「扉ページ」だけのサロンもあれば、TOPページに沢山の情報を掲載しているサロンも見られます。これにはどのような違いがあるのでしょうか。

実際の店舗では「価格帯」により店構えが異なることが多いものです。

高級レストランは、店内が見えないつくりになっていますね。逆に牛丼チェーン店では、店内に気軽に入りやすいようオープンです。

ご自分のサロンの中心価格帯にあわせてTOPページの情報量を考えてみましょう。

コンサルタントは見た！ セラピスト集客あるある4コマ①

「これ何屋さん？」

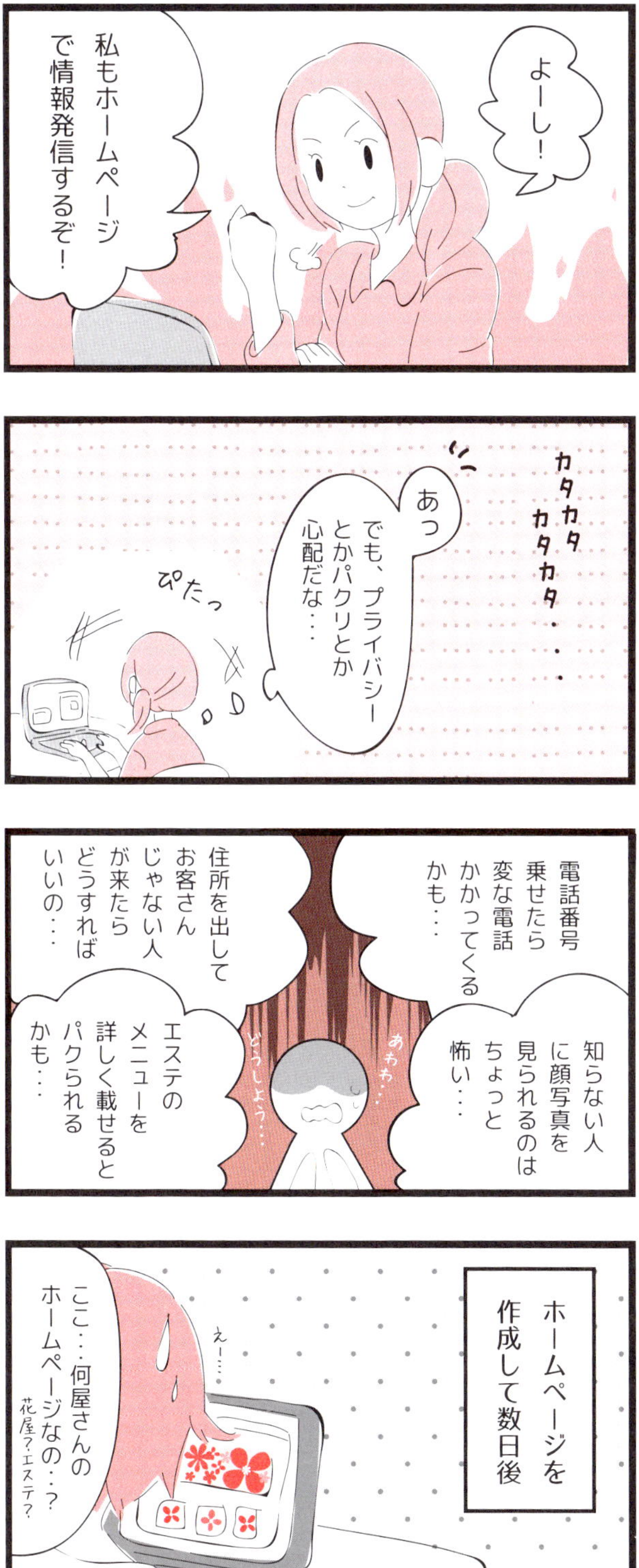

2

せっかくの「こだわり」や「サロンの強み」伝えモレしていませんか？

小さなサロンは他店にない個性をハッキリ打ち出すことが大切です。お客様からすると「どこにでもあるサロン」ではなくて「ここにしかないサロン」であるからこそ、通う意味が出てきます。

ですから、**小さなサロンのホームページでは、オーナーのこだわりを存分にアピールしていただきたい。こだわりを語り尽くして欲しい。小さなサロンの「強み」は、オーナーのこだわりを元にしたものしかありえないのですから！**

しかし！　あまりにも偏ったこだわりばかりをアピールし過ぎると、お客様にサロンの本当の良さが歪んで伝わってしまったり、伝えるべき強みを伝えきれなかったりするのです。

こだわりを語る時はバランスに注意

アロマサロンがホームページで使用している精油の良さについて語る、ヒーリングサロン

こだわりをあますところなく伝えるページの作り方

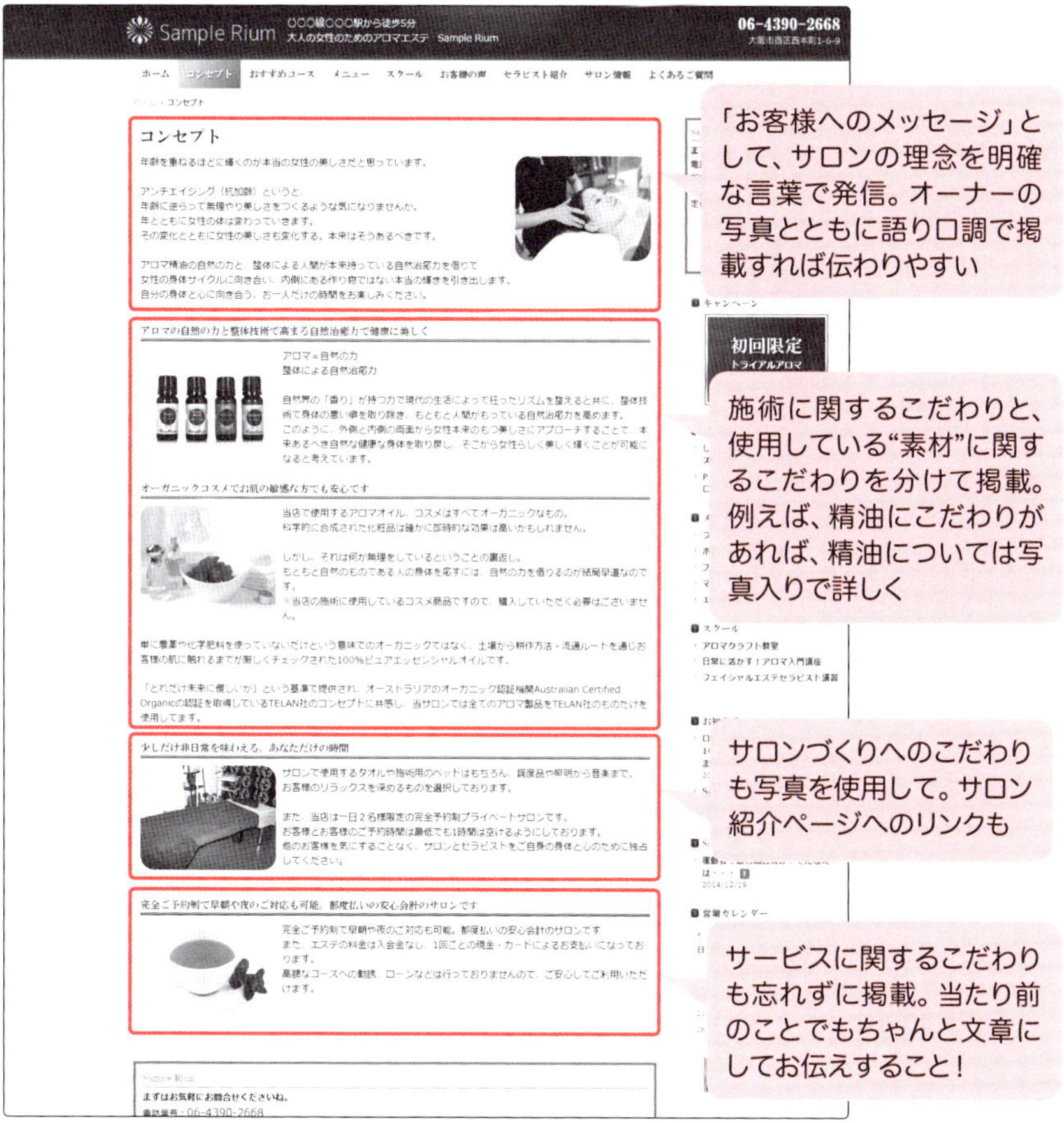

サロンのこだわりは「サロンの目的」・「モノ」・「バショ」・「ヒト」の４つを考えれば、偏りなくお客様にお伝えすることができます。
順序や文章の長さは、自分のこだわりの強いものが先になったり、長くなったりしても OK です。とにかく、せっかくのこだわりポイントをあまさずお伝えすることに重点を置きましょう。

がホームページで「人は本来輝くために生まれた」という信念を語る……このような語りをホームページで見つけると私は嬉しくなります。「ああ、この人って本当に（この仕事が）好きなんだなあ」と伝わります。

しかしながら、あまりにも一つのこだわりを集中して語りすぎると、他の良い部分を伝え忘れてしまうことが起こりやすいのです。実際、小さなサロンオーナーさんにお話をお聞きすると、本当にたくさんこだわりの工夫をされていることが多いです。

「ヒーリングの場所には、毎日特別な塩と水で結界を張っている」、「照明はソフトなものにするために、ドイツ製の特別なものを使っている」といった具合に、思わず「ほほーっ」と唸ってしまうような工夫がたくさんあるのです。

でも「このことを人にちゃんと説明したのは、初めてかも」とおっしゃるオーナーさんがとても多い。**せっかくたくさんのこだわりの工夫をしていても、それをお客様に伝えていない。これは本当にもったいない状態です。**

一つのこだわりを丁寧に説明することも良いことですが、すべてのこだわりをモレなくお伝えすることも大切です。

こだわりを伝えるには4つの分野から考える

お客様にこだわりをお伝えするためには、次の4つの分野について考えて、文章量や写真の数などのバランス配分をすると、モレなくお客様にお伝えできます。

1. 想い=サロンをやっている目的=究極の目標

こだわりを伝える前に、そのこだわりの「原点」をハッキリさせます。そうすれば、**一見するとバラバラに見えるこだわりも、そこに一本筋が通るのです。つまり、一貫性のあるサロンのコンセプトが表現できるようになる**のです。

また、コンセプトを明確にお伝えすることで、個々のこだわりから生まれる工夫の意味もはっきり伝わるようになります。

では、こだわりの原点とはなんでしょうか?

サロンの場合、「なぜサロンをやっているのか」という目的がその原点に当たります。経営用語でいうと「経営理念」ですね。お金のためじゃなくて、「この目的のためにサロンを始めたんだ!」「この目的のために毎日頑張っているんだ!」という究極の目標です。

これをお客様に対して明確な言葉にしてホームページで伝えてみましょう。それは、お客様へのアピールであると同時に、自分自身に対するメッセージにもなるはずです。

（>>理念のつくりかたは、174頁の『「なんのためにサロンを経営しているのか？」がズバリ経営理念』を参照）

2. 提供しているメニューについてのこだわり

サロンで提供しているメニューについては、どんなオーナーさんでもこだわりを持っていると思います。**そのこだわりを、お客様に説明するには、メニューを「提供する技術」と「使う素材」とに分け、その両方の視点から考えることで、提供するメニューに関してのこだわりを、モレなくお伝えすることができます。**

たとえばエステサロンであれば、「提供する技術」はハンドテクニックで、「使う素材」は化粧品やオイルですから、それぞれに対するこだわりを表現することになります。**飲食店でいえば、「提供する技術」は「料理方法」で、「使う素材」は「食材」**ですね。「本場のフレンチ（料理方法）のシェフが、国産野菜（食材）を調理し、提供する」と置き換えると分かりやすいでしょうか。

このように**サロンのメニューを「提供する技術」、「使う素材」に分けて、それぞれのこだわりについて考えてみましょう。**素材など形のあるものは写真や図などをつかってビジュアルでお伝えする工夫も大切です。

3．空間や提供方法についてのこだわり

提供している技術に自信があると、ついつい技術に関することばかりをアピールしてしまいがちですが、お客様は技術とともに「空間」や「提供方法」も同時に味わっているのです。

飲食店でも、素早く食事をすることが目的のファストフード店と、至れり尽くせりのおもてなしとともに、最高の夜景を見ながら品の良い内装と食器で提供される高級レストランとではお客様の受け取り方も変わってきます。

店舗型サロンの場合は、場所づくりに関するこだわりを、写真を交えて丁寧に説明しましょう。また、出張サービスの場合は、用意している道具や出張の利便性についてのこだわりをお伝えするようにしましょう。

4．提供する人やおもてなしについてのこだわり

最後に忘れてはならないのが「人」から生まれる「おもてなし」へのこだわり。おもてなしをしているセラピストにとっては当たり前のことなので、お客様に対して明確にお伝えできていないことが多いのです。

「おもてなしに関して自分からお伝えするなんて……」と考えてしまう真面目なセラピストさんもおられることでしょう。しかし、ご自身のサロンの「接客の方針」をきちんとお客様にお伝えすることは、お客様への接客の品質に関する「お約束」であり、決して自画自賛することには当たりません。ホームページを作る、あるいは見直す際に、きちんと文章にしてみるのはご自身にとっても良いことです。

小さなサロンのネット集客ポイント02

こだわりはモレなく伝えることが大切！

Column

こだわりは小さなサロンの宝物！　モレなく伝えましょう

こだわりは小さなサロンが大手サロンに立ち向かうための宝物です。なぜなら、お客様が小さなサロンに通いたくなるのは、オーナーセラピスト自身からうまれた「こだわり」に魅力を感じる以外にはありえないからです。

大手のサロンには資本力や組織力という「強み」があるのですが、小さなサロンには豊富なお金も組織もありませんから、こだわりで勝負！なんです。だから、こだわりを決して出し惜しみしないで、お客様に丁寧にお伝えするようにしてくださいね。

コンサルタントは見た！ セラピスト集客あるある4コマ②

「お金のため？」

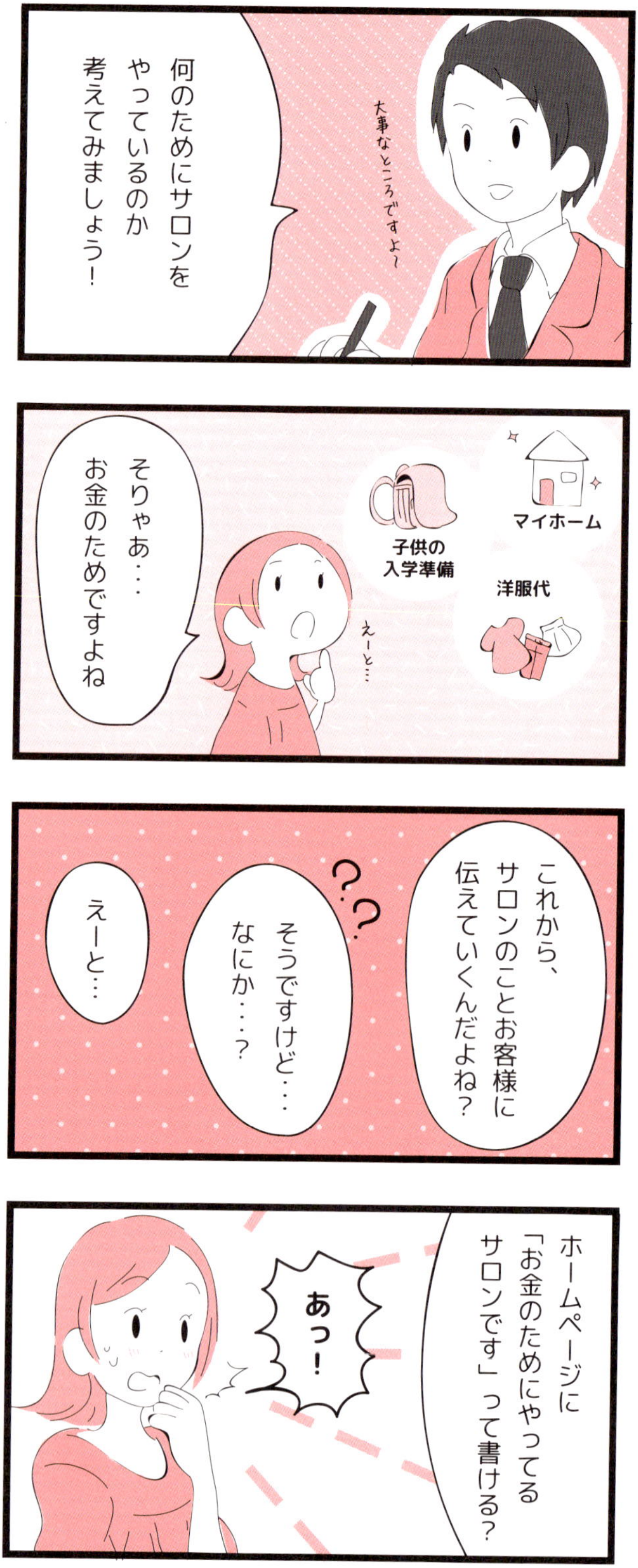

3

「おしながき」かい!? 金額だけのメニューページ

サロンのホームページには、シンプルすぎるメニューページが結構多いです。メニュー名と金額しか伝えず、写真やコメントも全くなし、というケースがよくあります。

例えば、

「フェイシャル　60分　7200円」
「アロマボディトリートメント90分　12000円」
「カラーセラピーセッション　45分　5000円」

という感じで、ただコース名と金額が並んでいるメニューページです。

飲食店の「おしながき」じゃあるまいし、サロンのご提供メニューをそんなにシンプルにするのはもったいない!

これは、思っている以上に大問題です。シンプルすぎるメニューページをインターネットで公開するということは、自ら価格競争へ参加表明したことを意味するのです。

価格競争に陥らないための丁寧なメニューページ

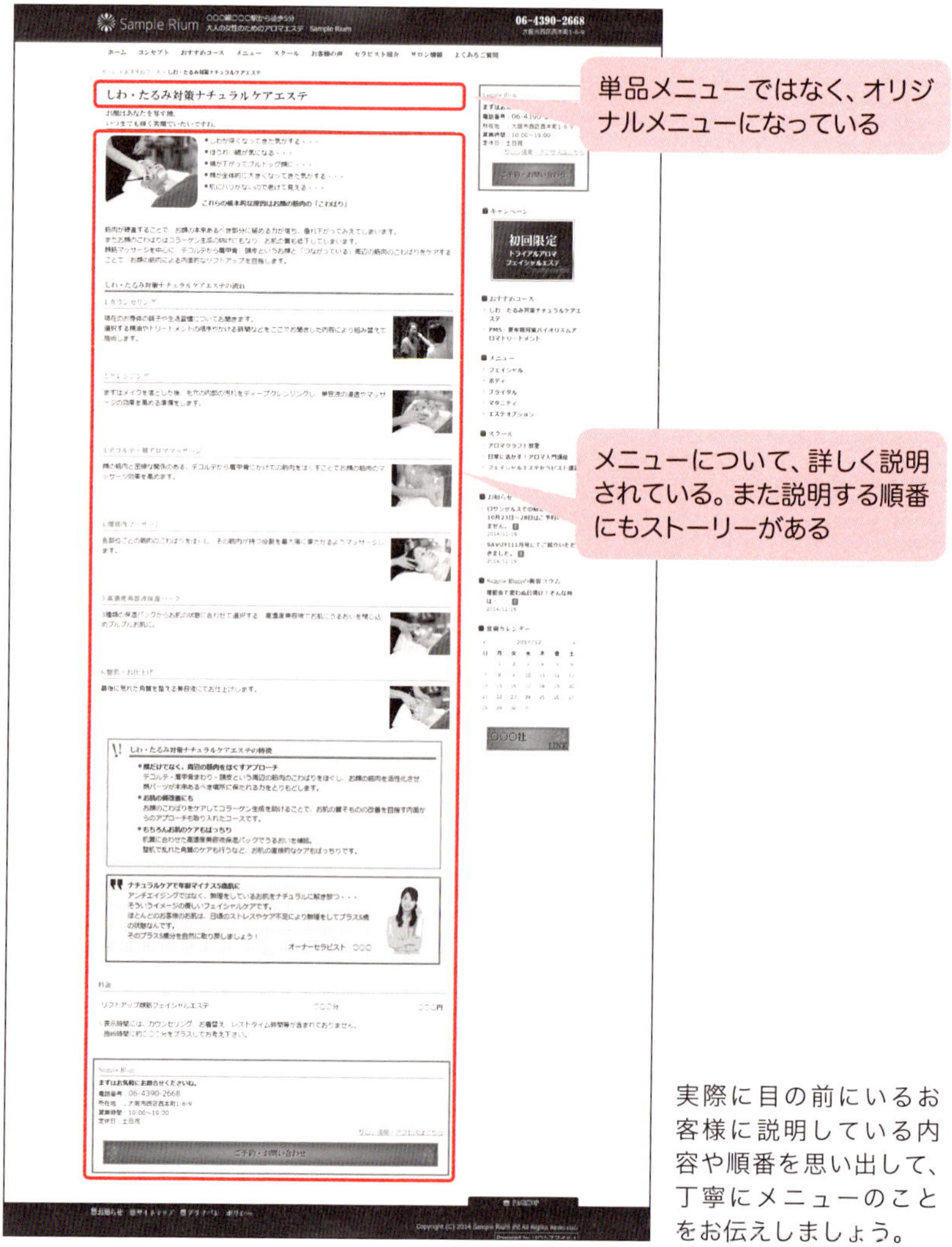
Sample Rium
06-4390-2668
しわ・たるみ対策ナチュラルケアエステ
初回限定
トライアルアロマ
フェイシャルエステ
単品メニューではなく、オリジナルメニューになっている
メニューについて、詳しく説明されている。また説明する順番にもストーリーがある

実際に目の前にいるお客様に説明している内容や順番を思い出して、丁寧にメニューのことをお伝えしましょう。

お客様は比べる内容がなければ価格で比べます

サロンホームページのメニューとは、言わばサロンで販売している「商品」です。その商品の説明が全くない……それではお客様はどうやってサロンを選んだら良いのでしょうか。

私たちも家電などの購入を考える時、様々な商品の性能や価格などを比較サイトなどで調査しますね。おそらくお客様もいろいろなサロンのホームページを調査した上で、実際に訪れるサロンを決めていることでしょう。

その比較の際に、メニュー名と金額しか情報がなければ、お客様は「価格」を基準にするしかありません。

よく、「インターネットで宣伝すると価格勝負になるから……」とネット活用に二の足を踏むサロンオーナーさんがおられますが、価格勝負に陥ってしまう原因のほとんどは、丁寧にメニューの説明を行わないオーナーさんご自身にあります。

つまり、多くのサロンは自らネット上での価格競争への道を歩んでいるのが現状なのです。

価格競争を避けるためには、提供するメニューについて丁寧に価格以外の価値をアピールしないといけないんです。

価格競争にならないためのメニューページで押さえたいポイント

1．メニュー名だけを掲載しても響かない！

お客様はなぜサロンにご来店されるのでしょうか。フェイシャルエステを受けたいから？　カラーセラピーが受けたいから？　違いますね。お客様は**「ツルツルのお肌になりたい」から、「迷っている自分が辛い」からご来店する**のです。だからホームページに「サロンがやれること＝メニュー名」だけを掲載しても響かないのです。

ではどうすればいいかというと、オリジナルメニューを作るのです。サロンの得意技メニューを組み合わせて、お客様の願望を実現したり、悩みを解決したりできる、オリジナルメニューを3つ～5つ作って、そのオリジナルメニューを前面に出すべきです。そうすればお客様にとって、価格以外の価値観での来店の動機づけができるのです。

(≫オリジナルメニューの作り方は、208頁の「オリジナルメニューはまるでお子様ランチ」を参照)

2．1メニューに1ページをつかってじっくり伝える

来店されたお客様から、メニューについてご質問されたとします。それに対してあなたはメニュー名と金額だけをぶっきらぼうに伝えるでしょうか？　答えませんね。お客様の目を

見て、このメニューはどんな効果があって、どんな特徴があって、どんな流れで進んで……などなど、詳しく丁寧にご説明すると思います。

それを、ホームページ上でも行うだけです。なにも特別なことではありません。実際のお客様に説明するのと同じ丁寧さで、ホームページでもメニューについて説明するだけです。そうすると必然的に、1ページをゆったり使って1つのメニューを説明することになります。

3. 伝え方のストーリーを考える

メニューについて丁寧に説明するには、順序が大切。同じくらいに丁寧な説明をするとしても、説明する順番を間違ってしまうとお客様に良さが届かないことがあるのです。

お客様がページを見たときに、「このサロンに行ってみたい！」「この施術を受けてみたい！」という気持ちにもっていくためのストーリーをお伝えできているかが大切です。

小さなサロンのネット集客ポイント03

金額だけのメニューページは、価格競争への参加表明

Column

小さなサロンはオリジナルメニューで勝負！

ひたすらローコストを追求し、価格の安さで勝負！ということも経営戦略として必ずしも否定されるものではありません。ただし、同じローコスト戦略を資本力のあるサロンがやれば、小さなサロンには太刀打ちできません。だから、「価格勝負は強者の戦略」と呼ばれているのです。

あなたが世界に一つしかないサロンを目指しているのなら「どこがなぜ世界に一つなのか」を丁寧にお伝えする努力が必要です。そのためのシンプルで強力な方法が「オリジナルメニュー」をつくることです。対象のお客様の悩みを、小さなサロンならではの強みで解決するオリジナルメニューづくり、ぜひ取り組んでください。

（>>オリジナルメニューをつくるための方法は、202頁の『「悩み解決」×「サロンの強み」＝ウリ！』を参照）

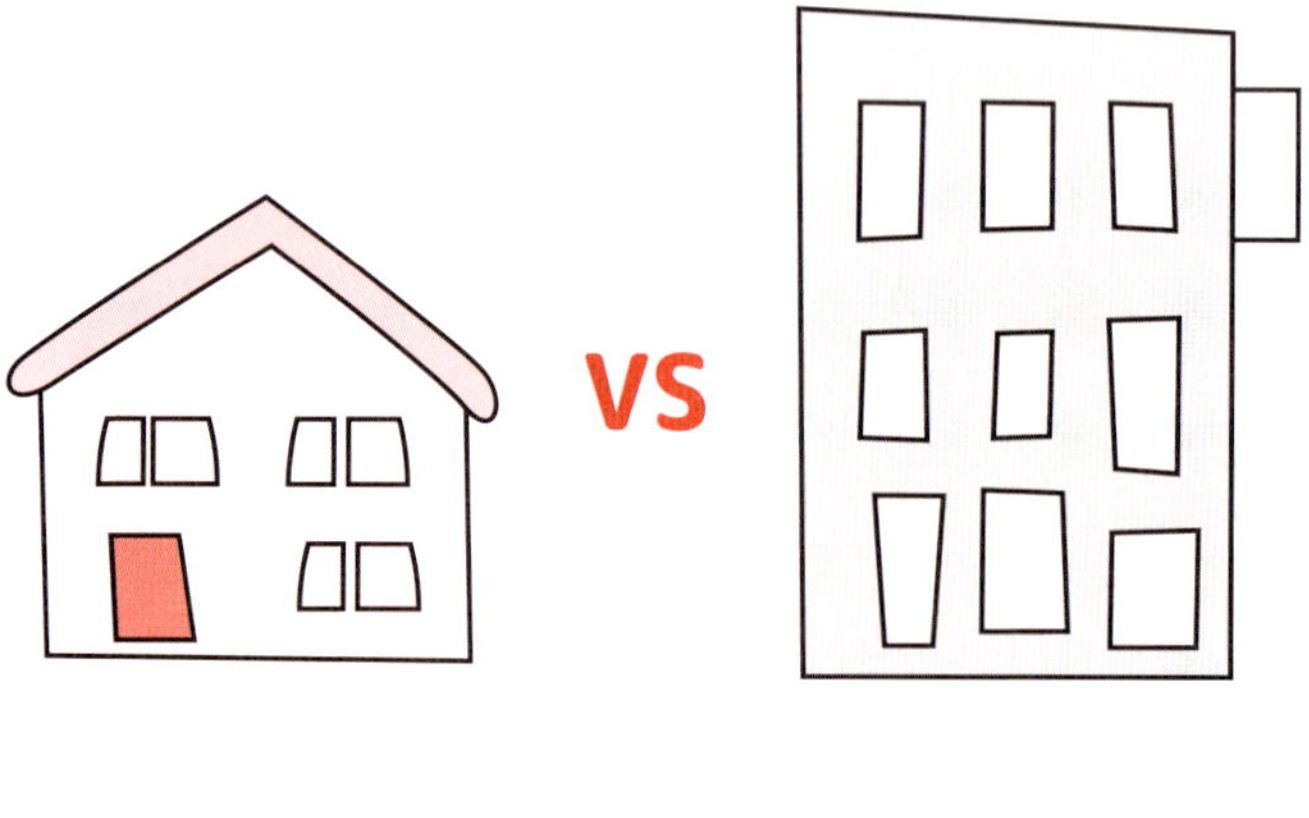

4

「メニュー説明の「順番間違い」はいきなりプロポーズしてフラれるのと一緒！

メニューの紹介ページで、メニューの内容やウリを、詳しく丁寧にお伝えしているのに、その「順番」が間違っている。これはとてもおしい！すごく損をしています。

メニューについては、価格だけでなく内容やウリを丁寧にお伝えするべき！と解説しましたが、実はメニューは、ただ丁寧にお伝えするだけでは不十分なのです。

メニューの紹介には、お客様の心を動かす「ストーリー」が必要です。

ストーリーとは、ページを閲覧したお客様が、ご予約したくなるような「流れ」のことです。メニューを知っていく順序に、**「ストーリー（流れ）」**がないと、良さがお客様に伝わりにくくなってしまうのです。

いきなりプロポーズは成功するか？

こんな場面を想像してください。

今あなたは電車に乗っています。目的の駅について電車から下りたとたん、突然青年が現れ、あなたの手を握り、「一目惚れです！　結婚して下さい！　幸せにします！」と突然の求婚をされたとしたら……。

あなたは彼の求婚を受け入れますか？（既婚の方は独身時代を思い出して！）……ちょっと無理ですよね。彼が相当のイケメンでも、見ず知らずの人からの、突然のプロポーズは受け入れがたいものです。「何かウラがあるのかも」「ちょっと変な人なのかも」と勘ぐりたくもなるような状況です。

AIDAモデル

A（Attention：注意）
I（Interest：興味）
D（Desire：欲求）
A（Action：行動）

もし彼と自然に出会い、お付き合いをして、それからプロポーズされたとしたら、彼はあなたの理想の旦那様になったかもしれません。

でも、ファーストアプローチが突然のプロポーズだったなら、どう考えても無理な話です。

これは、お客様にメニューを紹介する場合も同じです。**いきなり金額を提示したり、自慢話を始めたり、マニアックな技術についてえんえんと話したり……。話す内容自体は良くても、その順番に問題があると、**

どんなに良いメニューでもお客様に体験していただくことが難しくなるのです。

メニューの説明に必要なのは愛だ(AIDA)!

マーケティングの世界には、「消費者購買行動モデル」というのがあります。やさしく言えば「お客様がモノを買う時、心の中はどんな動きをするのか」をモデル化したものです。

その古典的なモデルにAIDA(アイダもしくはアイーダ)というものがあります。提唱されたのは1920年代ですが、シンプルで未だに色あせないモデルなので、お客様の心の動きを考えたストーリーを作る時に大変参考になります。

サロンメニューの魅力をお伝えするストー

例「シワ・たるみ対策コース」

Attention(注意)

・目元の笑い皺が目立つようになった……
・顔が昔より大きくなったような……
・ほうれい線が深くなってきた……

⇩

Interest(興味)

それは、お顔の筋肉が衰えているからかもしれません。
↓
このメニューでは、衰えたお顔の筋肉を刺激して、シワとたるみの根本原因にアプローチします。
※必要に応じて、解説や根拠などを加えること

⇩

リーも、このモデルを参考にすれば、お客様が来店したくなるような説明の順番が見えてきます。

A（Attention：注意）

ページを見たお客様の「注意」をひくのがこの最初のA（Attention）の段階。サロンのメニューの場合、「お客様の悩み」や「お客様の願望」をいくつか提示するのが効果的です。少々難しく言うと「問題提起」をするのです。

「こんな問題がある方はおられませんか？」「こんなふうになりたい人はいませんか？」と問いかけることで、その問題や願望を持つお客様が注意を向けるようにしむけるのです。

I（Interest：興味）

悩みや願望で、お客様の注意をひくことに成

Desire（欲求）でお伝えしたい情報 ⇦

・コースの流れ
・コースの特徴（他のサロンよりも勝っている点）
・オーナーからのおすすめの一言や過去のお客様の事例

Action（行動）でお伝えしたい情報 ⇦

・電話番号
・ご予約フォーム、お問合せフォームのボタン

功したら、次に「興味」を持ってもらわなければなりません。

サロンのメニューの場合は、先にあげた悩みや願望の「根本的な原因」を、プロの視点でズバッと指摘して、その根本的な問題点を解消するためのメニューですよ!という解説を行うのが効果的です。

すると、「なるほど! 原因はそこなのね? それを解消できるメニューなのね……」と興味を持ってもらえます。

D (Desire:欲求)

興味をもってもらえたら、次に「このサロンに行ってみたい!」という「欲求」をもっていただくために、メニューの流れや特徴などを詳しくご説明します。

※1 ページ最下部に「ゴール」を配置

ページ最下部に「ゴール」を配置するのは、メニューページだけではなく全てのページに共通することです。

あなたのサロンのホームページの全てのページの一番下にわかりやすく、電話番号やご予約フォームへのボタンなどの「ゴール」が配置されているでしょうか? 一度チェックしてみてくださいね。

ストーリーのあるメニューページ

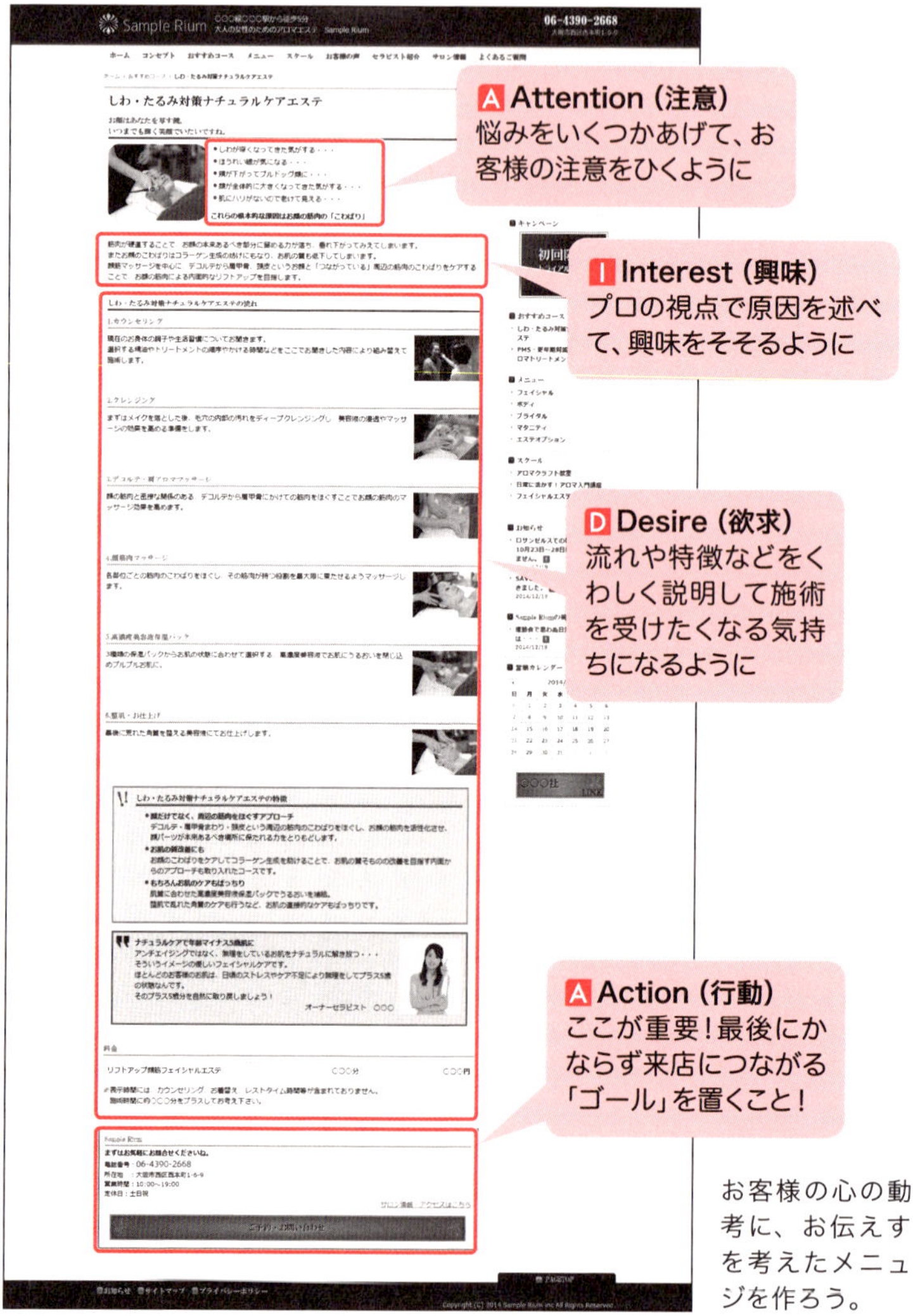

A Attention（注意）
悩みをいくつかあげて、お客様の注意をひくように
I Interest（興味）
プロの視点で原因を述べて、興味をそそるように
D Desire（欲求）
流れや特徴などをくわしく説明して施術を受けたくなる気持ちになるように
A Action（行動）
ここが重要！最後にかならず来店につながる「ゴール」を置くこと！

お客様の心の動きを参考に、お伝えする順番を考えたメニューページを作ろう。

その上で価格を提示して「こんな問題が解決できる内容なら高くないわ」というストーリーをお伝えしたいのです。

最初から価格を前面に出してしまうと、お客様はどうしても価格の「高い」「安い」を判断基準にしてしまいますからね。

A（Action：行動）

「このサロンに行ってみたい！」という「欲求」を持ったお客様には、実際に「予約」や「お問合せ」という「行動」をしていただかなければなりません。ですからストーリーの最後には行動を促すような「ゴール」を用意します。

ホームページの場合、サロンへの電話、「ご予約フォーム」のボタンなどが適切な場所＝メニューページの一番下に配置されていなければ、「欲しい！」と思ったお客様は行動することができません。

（ＶＶゴールの配置の仕方は、76頁の『「鉄は熱いうちに打て！」サロンへの連絡手段は全ページの上下に』を参照）

小さなサロンのネット集客ポイント04

どんなに良いメニューでもいきなりプロポーズはＮＧ！
ご説明する順番を間違うと売れないのです！

Column

消費者購買行動はテレビショッピングを参考にしてみて!!

一番オーソドックスな消費者購買行動モデルであるAIDAを紹介しましたが、そのモデルの研究は日々進化しています。その最先端の業界が「テレビショッピング業界」です。ストーリーをうまく伝えるために、商品の利用シーンをアピールしたり、芸能人に実際に体験させたり、再現ドラマを作ったり……。ほんとうに様々な工夫をしています。

ぜひ**テレビショッピングを見る時、どんな順番、ストーリーで商品を紹介しているのかに注目してみてください。**きっとメニューの説明方法についてのヒントが得られると思います。

5 OH! NO! プロフィールの写真が怖い!

エステサロンやネイルサロンなどのビューティー系サロンのホームページによく見られる、キリリ!顔のプロフィール写真。おそらく「勝負顔」なのでしょうが、ホームページで初めてこの写真を見たお客様はどのように感じるでしょうか。

「わあ! キレイな人! こんなキレイな人のサロンなら行ってみたい!」

と感じていただければ成功。

「うわあ! 怖い人! 私が行ったら怒られちゃいそう……」

となれば失敗。

さて、どっちの可能性が高いでしょうか……。

お客様には「後ろめたい」ことがある?

お客様がサロンに訪れるのは、悩みを解消したいからですね。そして、「悩み」というのは、

ホームページで笑顔の写真はこう使う！

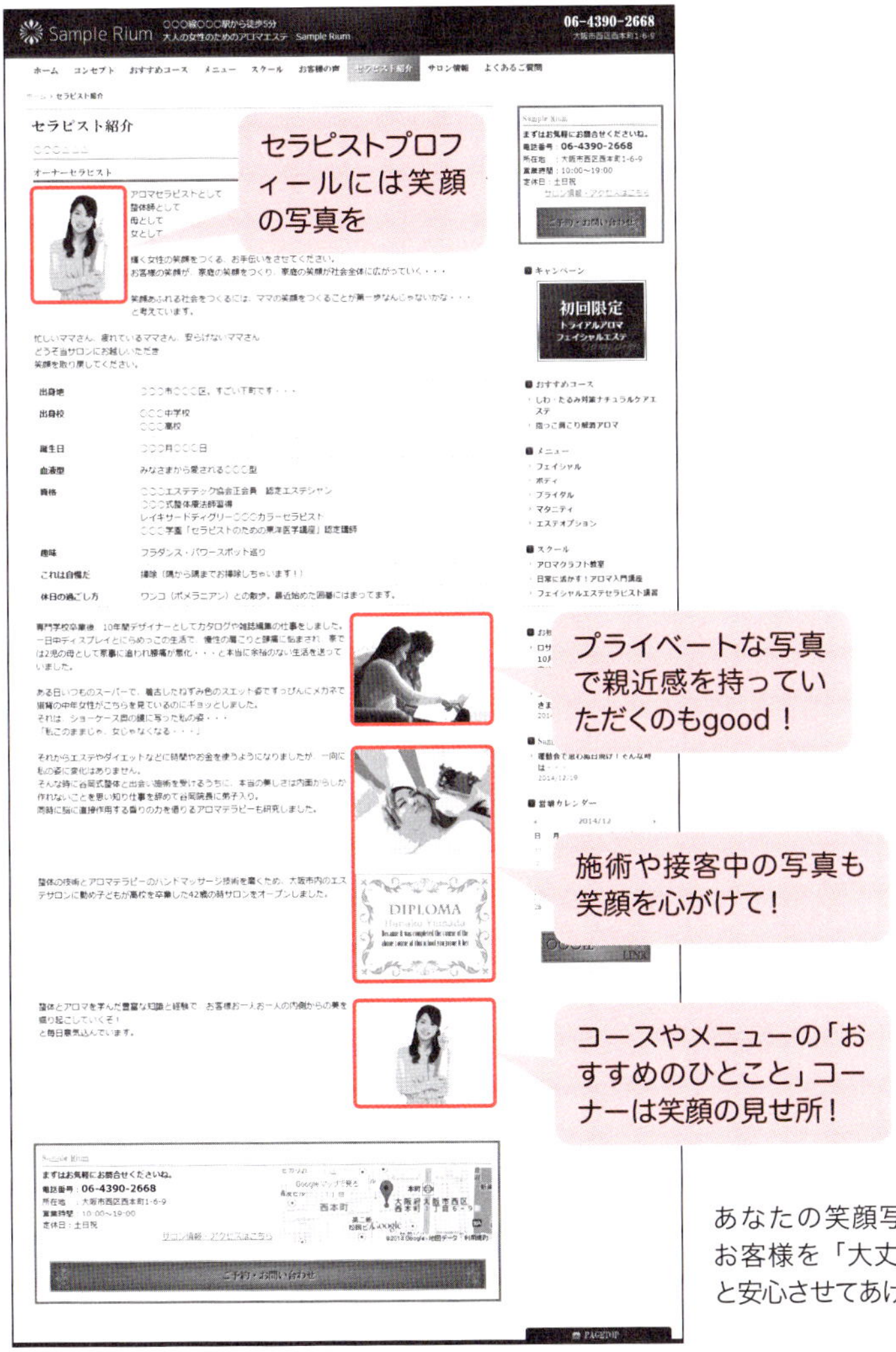
Sample Rium
06-4390-2668
セラピスト紹介
初回限定
DIPLOMA
セラピストプロフィールには笑顔の写真を
プライベートな写真で親近感を持っていただくのもgood！
施術や接客中の写真も笑顔を心がけて！
コースやメニューの「おすすめのひとこと」コーナーは笑顔の見せ所！

あなたの笑顔写真で不安なお客様を「大丈夫ですよ！」と安心させてあげてください。

たいてい「後ろめたさ」と深く繋がっているものです。

　例えば……

「私はお手入れを怠っている」

「私はちょっと太っている」

「些細なことで悩んでいる」

「私は母親失格」

「身体を労っていない」

などの後ろめたい気持ちを抱えています。だからこそ、スペシャリストを頼ってサロンを訪れるのです。

　つまりお客様は「サロンに行ったら怒られるかも……」という恐怖心を抱えているのです(放っておいて悪化した虫歯を診てもらいに歯医者さんに行く時の心境でしょうか)。

　そんな恐怖心を抱えているお客様を「怖い顔」でお出迎えするのは得策ではありません。

　実際のサロンの現場では、お客様を笑顔でお出迎えしますよね。ホームページでもお客様を笑顔の写真で「大丈夫ですよ！」と迎えてあげてください。

ホームページで笑顔写真が効果的な場面は？

ホームページに掲載するプロフィール写真は、サロンの業種にかかわらず「笑顔が基本！」ですが、より笑顔写真が効果的な3つの場面を紹介しましょう。

セラピスト紹介ページでの笑顔写真

お客様にとって「スタッフがどんな人か」は、とても大きな関心ごとの一つ。特に小さなサロンにおいて「人（スタッフ）」は「商品（メニュー）」に匹敵するくらいの重要性があるといっても良いでしょう。ですから、小さなサロンほど「スタッフ紹介」のページの閲覧数は多くなります。

「どんな人なんだろう」「怒られないかな」と不安な気持ちでセラピスト紹介ページを見たお客様を「大丈夫ですよ！」と笑顔の写真で迎えてあげましょう。それだけでお客様の不安は和らぐはずです。スタッフが複数いるサロンでは、集合写真も笑顔が原則ですよ。

メニュー紹介ページでの接客写真は笑顔で

メニュー紹介ページに掲載する、施術写真や接客写真の表情にも注意しましょう。特に、お客様がセラピストと向かい合っているカウンセリング中の写真は、包容力のある笑顔を心がけることが大切です。

また、施術中はついつい施術に集中するあまり、笑顔を忘れがちですが、撮影の際は笑顔とまではいかなくとも優しい表情になるように注意しましょう。

お客様はこのページの施術中や接客中の写真を見て、自分がサロンに行った時のことを想像します。その想像の中で、安心感が得られるような笑顔の写真を用意するようにしましょう。

メニューページの「おすすめのひとこと」での笑顔写真

メニュー紹介ページは、どうしても技術的な内容にかたよりがち。ですから**「セラピストからのひとこと」コーナーつくり、紹介しているメニューに対するセラピストの個人的な想いや実際にあったエピソードを語ることは、説明を読んでも不安がぬぐえないお客様の背中を優しくひと押ししてあげる効果があり、大変有効です。**

この「セラピストからのひとこと」コーナーにも笑顔の写真を載せることで、セラピストのコメントに親近感が増します。迷っているお客様の不安を取り除く、笑顔の写真を用意するようにしましょう。

小さなサロンのネット集客ポイント05

来店にドキドキしているお客様を怖がらせる写真なら載せないほうがマシ！

Column

どうしても勝負写真を載せたい時は……

ホームページを作る際、サロンオーナーから「プロのカメラマンに撮ってもらった写真があるんです。これ、どうしても使いたいんですけど、ダメですか？」という質問を受けることがあります。写真を見ると確かにキレイに撮れている。でも笑顔じゃないので怖い印象を与えてしまうかもしれない……。

こんな時は、できるだけ笑顔の写真と近いところに載せるようにしてください。お客様には両方の写真が目に入るようにし、怖い写真単体で判断されないようにすると、怖さが和らぎますよ！

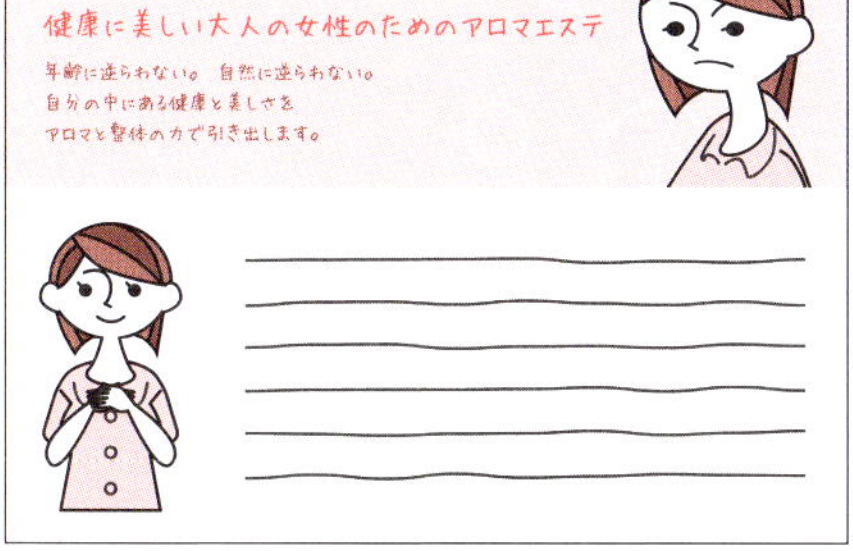

6 プロフィールには「余計な情報」をたっぷりと！

プロフィールページに、何を書いたら良いのかわからないという話をよく聞きます。どのサロンホームページのプロフィールページも、似たり寄ったりの内容であることが多い。名前、生年月日、取得資格……などの履歴書のような、つまらない情報しか書いていないのです。

これだけの情報だと、セラピストがどんな人なのかが伝わりませんし、お客様から共感を得たり、親近感を持っていただいたりすることは難しいでしょうね。

お客様は「余計なこと」に共感し、親近感をもつ

エステのハンドテクニック、カウンセリングやセラピーなど、サロンが提供するメニューは「提供する人間」と分かれて存在することができません。つまりサロンの商品の半分は「人間」からできているのです。

ですから、メニューと同じくらいの濃さで「提供する人間」＝「セラピスト」の情報もお

親近感を持たれるプロフィールはこう見せる！

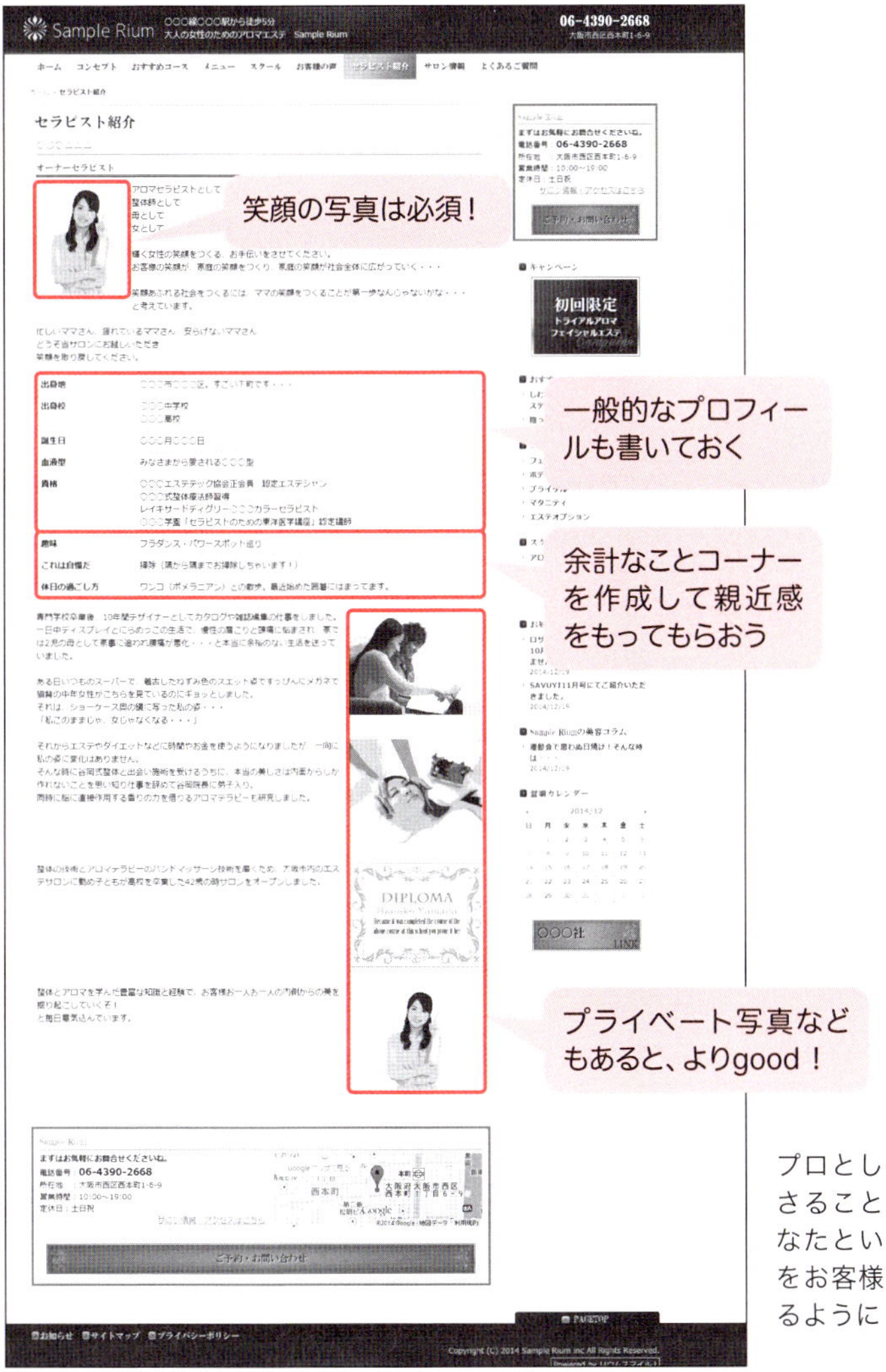
Sample Rium
06-4390-2668
セラピスト紹介
オーナーセラピスト
笑顔の写真は必須！
一般的なプロフィールも書いておく
余計なことコーナーを作成して親近感をもってもらおう
プライベート写真などもあると、よりgood！
初回限定
DIPLOMA
ご予約・お問い合わせ
PAGETOP

プロとしての側面もさることながら、あなたという人間全体をお客様にお伝えするようにしましょう。

伝えしなければなりません。そしてセラピストに親近感をもってもらうことが大切。親近感を持ってもらうために必要なのが、サロンが提供しているメニューとは全然関連のない「余計な情報」です。

サロンでの接客時のことを思い出してください。お客様と距離が縮まり、グッと会話が盛り上がるのは、

「えっ、同じ中学校じゃない！」

「あなたもポメラニアンを飼っているの？」

「私もこのアーティストのファンなのよ」

このような、お互いの共通点を見つけた時ではありませんか？　これらは、サロンで提供しているメニューとは直接的に関係のない人間的な共通点です。

ですから、ホームページでも**セラピストの「余計なこと」をたっぷり掲載することが大切**なのです。

プロフィールに入れたい余計なこととは？

では、どのような「余計なこと」を掲載したら、お客様との親近感を増すような共通点が

見つかりやすくなるのでしょうか。

次の４つの角度からの余計なことを考えてみると、モレなく自分のことが発信できますよ。

1. 出身や出身校

出身地ではない地方でサロンを経営している場合は、どこの出身かを載せましょう。出身地から離れた場所での同郷の者同士の出会いは、親近感が高まります。共通点が見つかりやすいようにできるだけ細かく載せてみましょう。

地元でサロンを経営している方は、出身校の情報を掲載するとお客様との共通点が見つかりやすいです。出身校も大学や高校だけでなく、中学校、小学校、幼稚園……と詳しく載せるほうが共通点の幅が広がります。

2. 趣味

プロとしての技術と全然関係のない趣味についても掲載しておきましょう。思わぬところで同じ趣味のお客様と出会えるかもしれません。お客様と共通の趣味が見つかった場合はマニアックな話ができるので、２人だけの世界が簡単に作れ、距離がグッと縮まります。

お客様に共通点を見つけていただくヒントになるように、単なる趣味名だけではなく趣味の内容を詳しく書くようにしましょう。

3．特技

サロンに関係のある特技でも、関係のない特技でも良いので自慢できる特技を載せましょう。

「こう見えて料理が得意です」「どこでも寝ることができます」「美味しいお店を直感的に嗅ぎ分ける嗅覚」……のようにおもしろおかしく書くと人間味が出て良いですね。

趣味の欄にあがってこない意外な共通点を見つけていただくための情報です。

4．休日の過ごし方

サロンの休日にはどんな過ごし方をしていますか？　休日の過ごし方をお伝えすることで、お客様に人間の部分がよく伝わります。

「子どもの少年野球の観戦をしています」「わんこ（ポメラニアン・5歳）と散歩しています」「大好きな日本酒の飲み歩き?をしています」などなど。

特技と同じく趣味の欄にあがってこない意外な共通点を見つけてもらうための情報という意味でも大切です。

小さなサロンのネット集客ポイント06

サロンではあなたという「人間」に親近感を持ってもらうための情報開示が必要です

よっしゃ

Column

プライベート情報は状況を考えて

サロンのホームページを見ているお客様は不安です。だからセラピストのプライベートも含め情報はできるだけ出したほうがよいのですが、女性一人で経営しているお家サロンの場合などは情報を出すことの危険性もあります。

お客様への情報開示とプライベート情報の保護。難しい問題ですが、自分のサロンの経営形態を考えながらバランスのとれた伝え方を考えて下さいね。

おうちサロンだから
番地まで載せるのは
不安だわ・・・
本名？
それとも
セラピスト名？
写真で
顔を出しても
大丈夫？

7 人間味あるプロフィールの見せ方は感動映画に学ぶ

お客様がサロンを選ぶ時、サービスを提供する人間＝セラピストは、商品の一部……どころか商品の半分を占めると言ってもよいほど大切な要素です。

ですから、サロンのホームページでは、あなたがどんな人間であるのかを丁寧にお伝えしなければなりません。

そのために、写真を掲載したり、「余計なこと」を書いたりするのが重要であることは述べました。

でも、写真や余計なことだけでは完璧とは言えません。**足りないのはあなたの背後にあるストーリー（物語）。背後にストーリーが見える時、人は人に共感する**のです。

感動映画に学ぶ！　共感のストーリー

全国でセラピストの経営支援をしている「セラピストの学校」（http://relax-d.com）の

感動ストーリーの定番

うまくいかない主人公
⇩
主人公に訪れる転機
⇩
それによる苦難。
しかし努力で乗り越える
⇩
苦難を乗り越え成功!
そして未来へ……

谷口校長が、セラピストのプロフィールの作り方を説明する際に、いつも述べておられるのがこの「ストーリー」の重要性です。

谷口校長によれば、「共感・感動のストーリーは映画に学べ!」。たいていの感動的な映画って、【うまくいかない主人公→主人公に訪れる転機→それによる苦難。しかし努力で乗り越える→苦難を乗り越え成功!そして未来へ……】というストーリーになっているとのこと。うまくいかない境遇から、運命的な出会いを経験し、努力の末成功をつかむ。私たちはそのストーリーに共感します(最初から成功している人のお話なんて、面白くもなんともないですよね)。

セラピストがお客様にお伝えする「自分のストーリー」を考える時も、このストーリーの流れを意識すれば共感されやすいものができるのです。

共感を呼ぶ！マイストーリーの見せ方

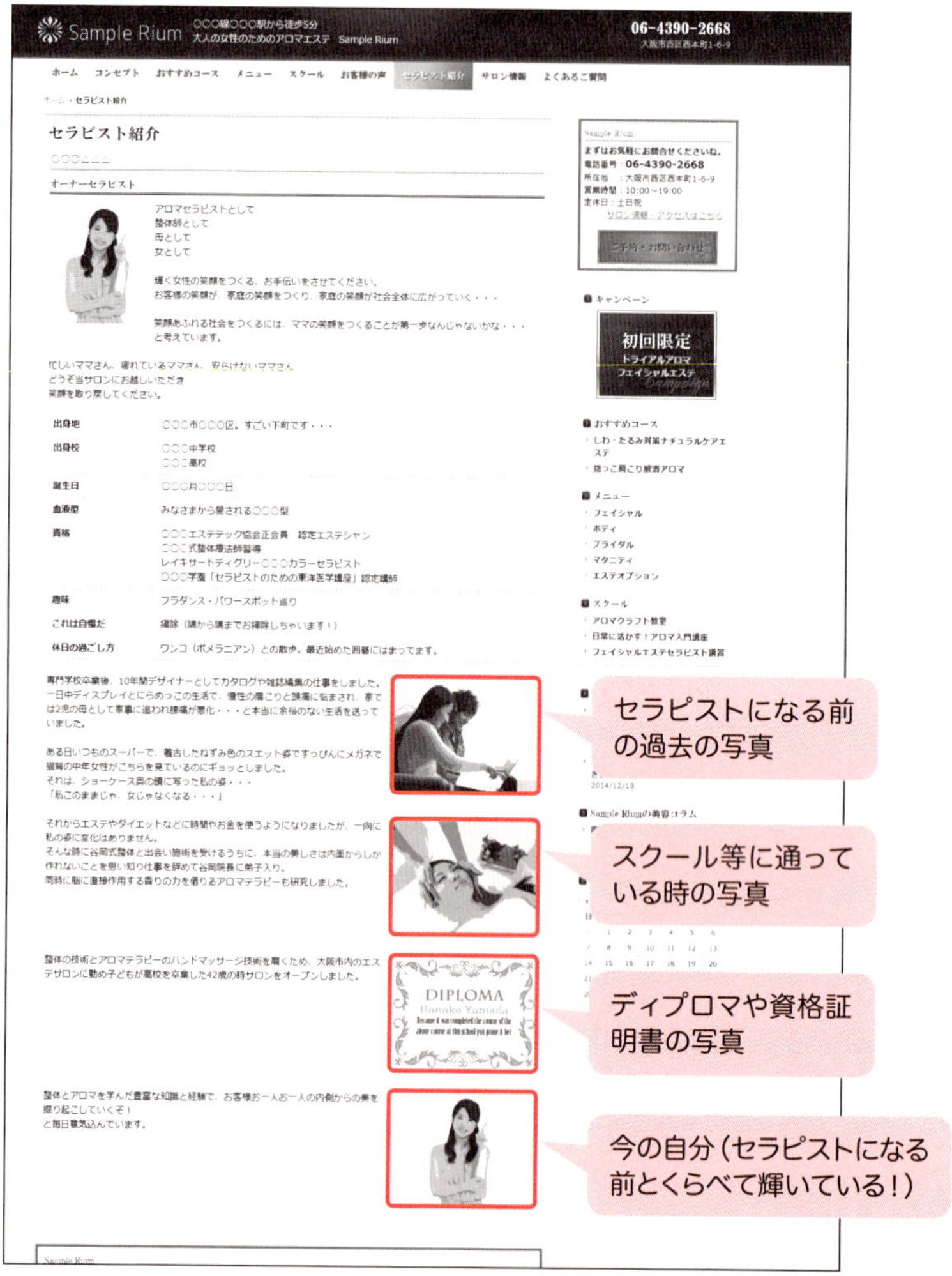

お客様が感情移入できるような写真や画像とともに、ストーリーを表現しよう。

セラピストの共感のストーリーの作り方

すべてのセラピストが、映画の主人公のような劇的な人生を送ってきたわけではないと思いますが、どんな人の人生でも他の人から見れば、興味深い出来事によって彩られているものです。

自分の人生を振り返って、お客様に共感してもらいやすいストーリーを考えてみましょう。

サロンで提供しているセラピー技術と出会う前の、上手くいっていない過去

サロンを開く前、サロンで提供しているセラピー技術（エステ技術、アロマ知識、カウンセリングやヒーリングテクニックなど）と出会う前の自分はどんな状況でしたか？

「平凡な主婦で、毎日これでいいのか？と悩んでいた」
「30歳を目前にして、仕事と結婚の道で迷っていた」
など、その時の自分の状況と、その時の迷いや悩みを書きましょう。

サロンで提供しているセラピー技術との出会い

そんな迷いや悩みの中で、今サロンで提供しているセラピー技術とどうやって出会いまし

たか？　運命的な出会いだった方もいるでしょう。何気ない出会いが後で振り返れば運命的だった方もいるでしょう。
　そんな出会いについて、きっかけや、その時の心境などを書きましょう。

技術習得のために頑張った時期のこと

　サロンで提供しているセラピー技術を修得するために頑張った自分を振り返りましょう。「子育てしながら朝5時に起きて資格試験のため頑張った」「ＯＬをしながら、夜からスクールに通っていたのでよく寝坊して遅刻した」のような具体的なエピソードを添えるとよいですね。

その結果得たもの（サロンオープンや、お客様からいただいた感謝の言葉など）

　頑張った結果得られた成功は何でしょうか。小さなものでも構いません。取得した資格、サロンの開業、お客様からの感謝の言葉……**あなたが努力したことで得られたものがあるはず**です。その成功を感謝の言葉とともに書きましょう。

これからどんなサロンになって行きたいか

紆余曲折の上にオープンしたサロンで、これからどうしていきたいのか「未来の展望」をお客様に伝えましょう。感動の映画のラストシーンには、必ず明るい未来への展望が描かれるものです。

小さなサロンのネット集客ポイント07

セラピストのストーリーの見せ方は感動映画に学ぶ

Column

セラピストさんの人生はみんなドラマチック！

「私なんて何の変哲もない人生だから……」とおっしゃる方がおられますが、実際にその方の半生を伺うと結構ドラマチックだった……ということがよくあります。

「普通の人」なんてどこにもいないのです。ただ、セラピストさんには謙虚な方が多いため、自分の努力や人生をひけらかすことを良く思っていないのかもしれません。

そんな時は親しい友人などに自分の半生を語って、それをメモしてもらうようにお願いしてみましょう。

8

「良くあるご質問」で、サービス説明はNG！

ほとんどのサロンホームページで、間違った発信をしているのが、「良くあるご質問ページ」。

このページで、

「施術はオールハンドですか？」

「精油はオーガニックですか？」

「カウンセラーの方は資格をお持ちですか」

などを掲載してしまっているのです。

その質問、お客様から良く聞かれることというより、サロンが言いたいことになっていませんか？「良くあるご質問」というページで、サロンがアピールしたいサービスの紹介をしてしまっているのです。

良くあるご質問ページは、お客様への思いやりページ

「良くあるご質問ページ」は、お客様の不安を解消するためにあります。

いわば、不安なお客様のための「思いやりページ」といっても良いでしょう。

お客様は不安を抱えてこのページにたどりつきます。それなのに、ここでサービスの売り込みをしてしまうと、お客様の不安は解消されませんし、売り込みばかりでゲンナリしてしまうでしょう。ですから、ここではサービスと直接的に関係がない、本当に良くあるご質問を掲載すべきなのです。

実際に、お客様からの質問で多いことを思い出してみましょう。思い返せば聞かれることはメニュー内容に関することは少ないはず。

お客様から良くあるご質問って、大抵が「お金のこと」や「ご予約のこと」などの（サロンからすると）些細なことがほとんどです。

サロン側から考えれば、ほんの些細な問題でも、ハッキリしないとお客様は不安なもの。お客様の不安を丁寧に解消してあげられるページにしたいものです。

読まれる良くあるご質問ページの作り方

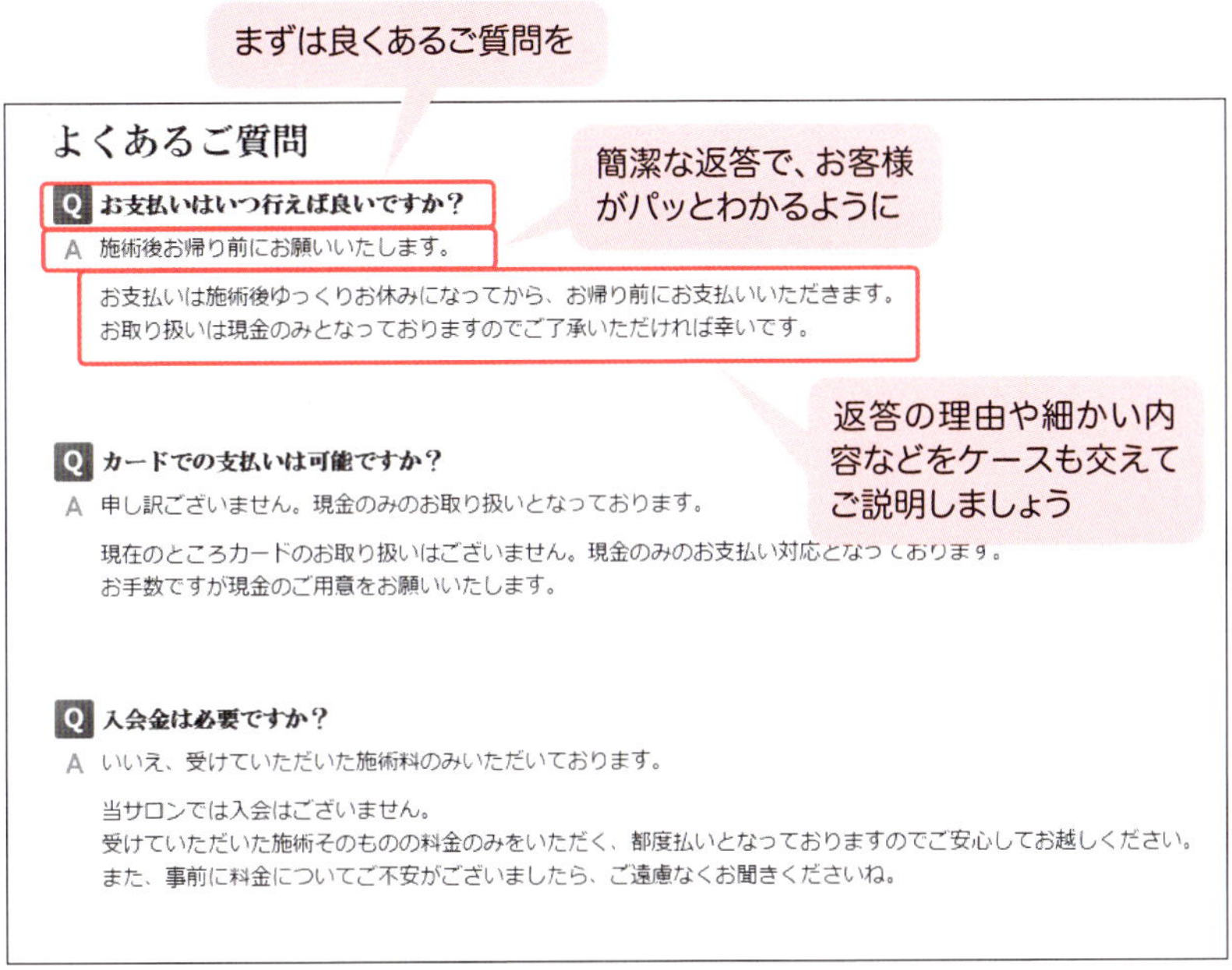
まずは良くあるご質問を
よくあるご質問
簡潔な返答で、お客様がパッとわかるように
Q お支払いはいつ行えば良いですか？

A 施術後お帰り前にお願いいたします。

お支払いは施術後ゆっくりお休みになってから、お帰り前にお支払いいただきます。

お取り扱いは現金のみとなっておりますのでご了承いただければ幸いです。

返答の理由や細かい内容などをケースも交えてご説明しましょう
Q カードでの支払いは可能ですか？

A 申し訳ございません。現金のみのお取り扱いとなっております。

現在のところカードのお取り扱いはございません。現金のみのお支払い対応となっております。

お手数ですが現金のご用意をお願いいたします。

Q 入会金は必要ですか？

A いいえ、受けていただいた施術料のみいただいております。

当サロンでは入会はございません。

受けていただいた施術そのものの料金のみをいただく、都度払いとなっておりますのでご安心してお越しください。

また、事前に料金についてご不安がございましたら、ご遠慮なくお聞きくださいね。


良くあるご質問の回答はぶっきらぼうにならないように！

実際に口頭で質問された時のような丁寧で長いお返事が好印象です。

お客様から「ほんとうに」良くあるご質問はこの3分野

お客様から実際にあったご質問を掲載するのはもちろん、実際にはご質問がなくてもお客様が不安に思う点を先回りして準備してあげるくらいの心遣いが大切です。

また、良くあるご質問に対する回答は短縮しすぎず、実際にお客様に聞かれた時のようにその背景や例などを交えて丁寧に書きましょう。

サロンにおいて、お客様から寄せられる「ほんとうに良くあるご質問」は多くの場合、次の3つの分野のものが多いです。この3つの切り口から自分のサロンについてお客様が不安に思いそうな点を考えてみましょう。

お金に関するご質問

良くあるご質問の多くを占めているのがお金に関するご質問でしょう。

「お金はいつ払うの?」「分割払いはできますか?」「クレジットカードは使えますか?」「キャンセルはいつまで無料ですか」などなど……。

サロン側は提供するメニューのことをお客様にお伝えしたいのですが、これからサービスを受けるお客様からするとお金や支払い条件なども気になる点なのです。

とはいえ、メニューやコースの良さをアピールするページには、詳細に書きにくい内容でもあります。また、お客様側からしても、お金に関することは直接聞きにくいので、このページで丁寧にお伝えするようにしましょう。

場所や時間に関するご質問

次に多いのが、「遅くなっても施術を受けられますか?」「営業時間外も対応してくれますか?」「駐車場はありますか?」「子供連れでも大丈夫ですか?」「お友達と二人で施術を受けられますか」などの場所や時間に関するご質問。

この内容もお金の詳細と同じく、メニューやコースのページでお伝えしにくいので、「良くあるご質問」としてまとめておいてあげるのが親切ですね。

準備やお客様の状態に関するご質問

「着替えはありますか？」「こちらで準備していくものはありますか？」「妊娠中ですが施術を受けられますか？」「男性ですが施術してもらえますか？」「現在病院に通っていますが、カウンセリングを受けられますか？」など、準備やお客様の状態に関するご質問も多いと思います。

お客様の不安を解消する意味もありますが、サロンとしてお断りしなければならない条件を明記し、その理由を丁寧にお伝えすることで、サロンを守るという意味もあります。

小さなサロンのネット集客ポイント08

お客様の不安を解消するページで、売り込みをしてしまっていませんか？

Column

お客様に伝えたいメニューに関する「良くあるご質問」がある場合はどうする？

この場合は「良くあるご質問ページ」にまとめて掲載するより、質問のあったメニューやコースのページに掲載するほうがお客様の不安を解消しやすいでしょう。

「良くあるご質問ページ」に掲載するのはサロン全体に共通した「良くあるご質問＝お客様が不安に思う点」にするほうが効果的です。

メニューやコースページ

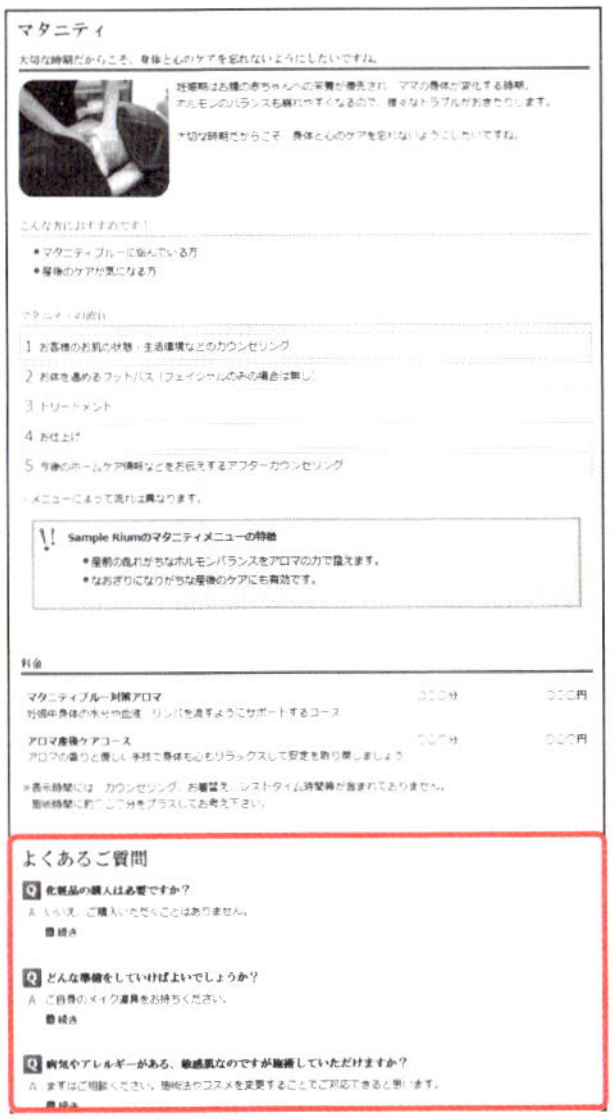

特定のメニューやコースに関するよくあるご質問

よくあるご質問ページ

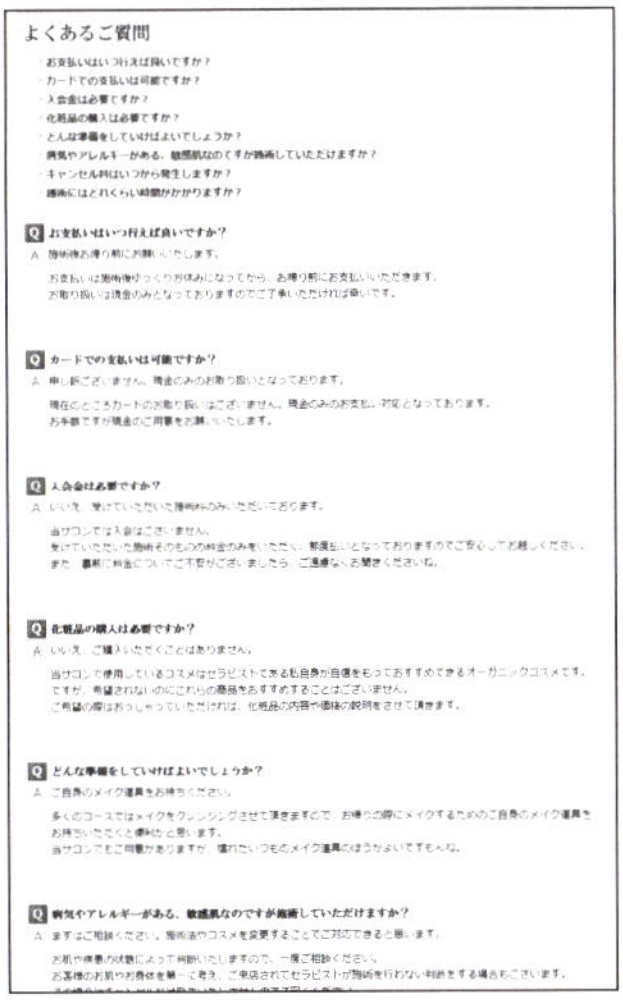

サロン全体のよくあるご質問

9 お客様の声は武器！ 必ず掲載しよう

大抵のサロンのホームページには「お客様の声」の掲載がありますね。まとめたページを作っているところもあれば、メニューやコースのページに掲載しているところもあります。

でも、ホームページに載っているお客様の声って（当然ですが）良いことしか書いてない。正直で不器用なサロンオーナーさんの中には「なんかヤラセっぽくて嫌～」と思う方もおられるようです。

気持ちはわかるのですが、**お客様の声を掲載しないのはすごくもったいない。**なぜかというと、**お客様の声ページってサロンホームページの中でもTOP5に入るくらい閲覧数が多いページ**だからです。

つまり、「お客様の声」は、ホームページを訪れたお客様が気になる情報なのです。

客観的な証拠と、自分と同じ立場の方の主観的な感想のバランス

メニュー紹介ページは、

「なぜこのメニューが良いのか？」

「どうしてこういう工夫をしているのか」

というように、ある程度客観的な書き方をしなければなりません。あるいは、写真などを掲載してウリを客観的にお伝えすることが求められます。


説明が主観的すぎると、お客様から信用してもらえません。「とにかくすごいから受けてみて！」が連呼されているページなんて悪印象でしょう。ですから、サロンのホームページはどうしても「客観的な理屈」の割合が多くなってしまうのです。


客観的な説明は、お客様に伝わりやすいのですが、

「良いのは伝わったけど、本当のところはどうなの？」

という印象を与えてしまうことがあります。


そんな時に、自分と同じお客様の立場の個人的で主観的な感想があれば理屈とのバランスが取れるのです。

サロンホームページでその役割をはたすのが「お客様の声ページ」なのです。

お客様の声は工夫次第でヤラセっぽくない？

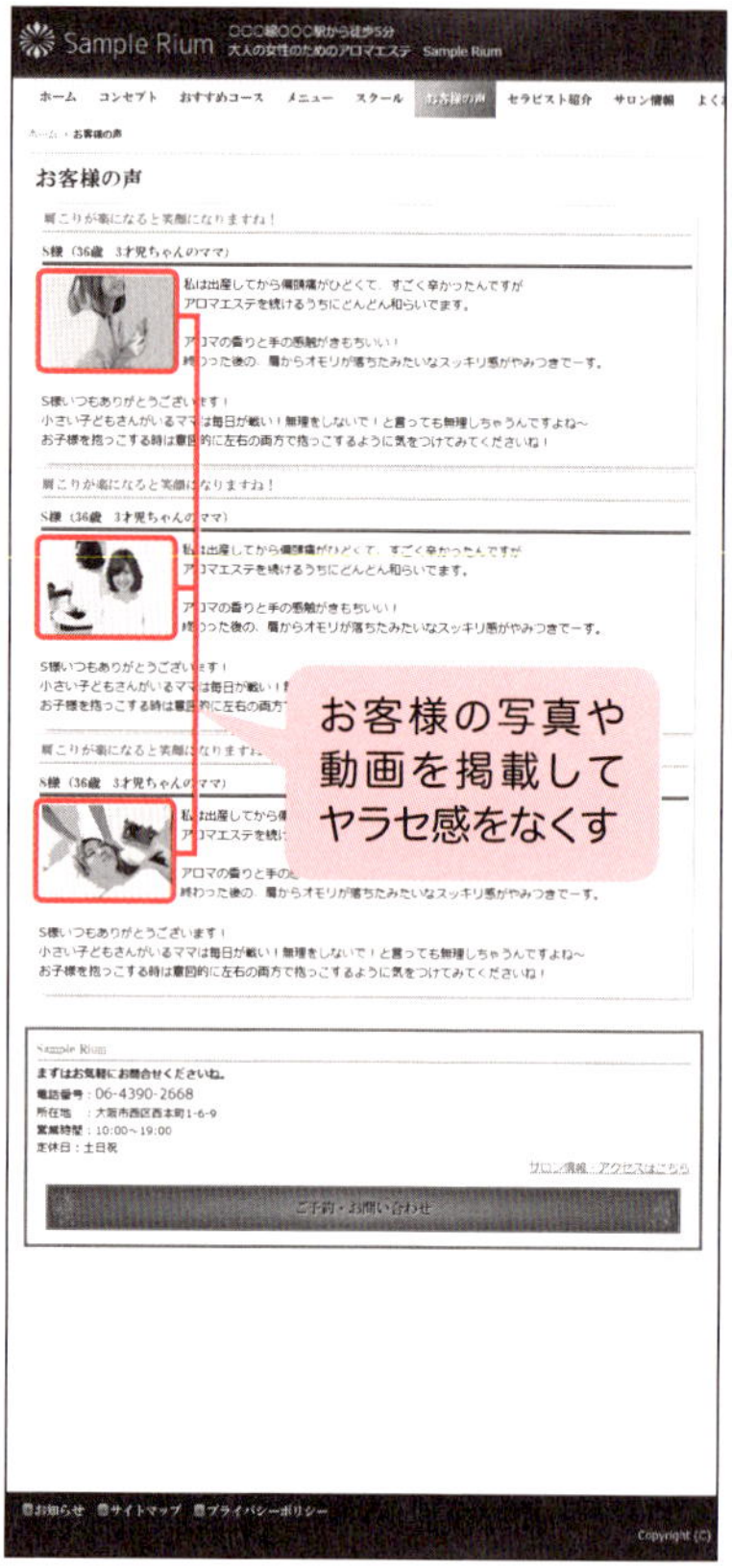

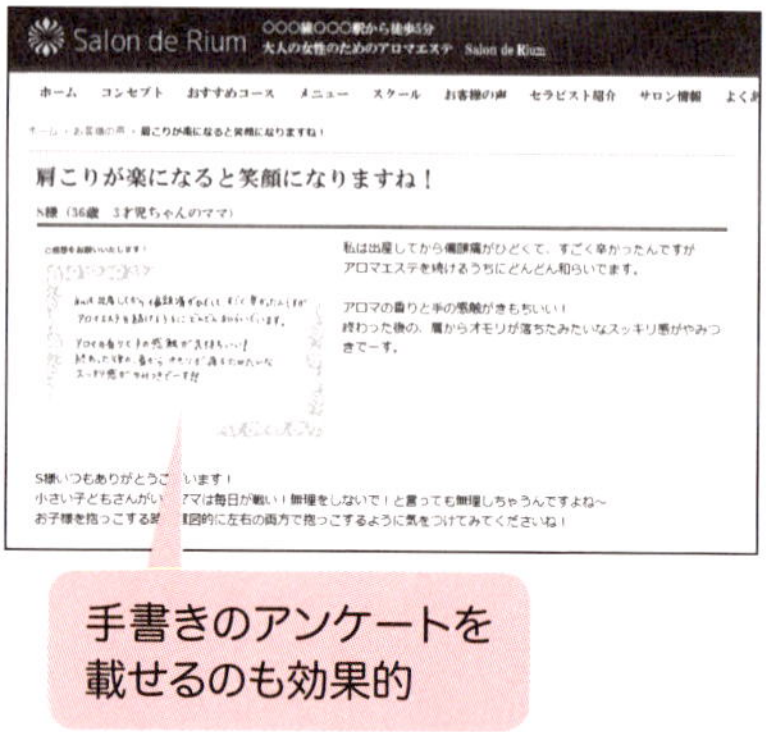

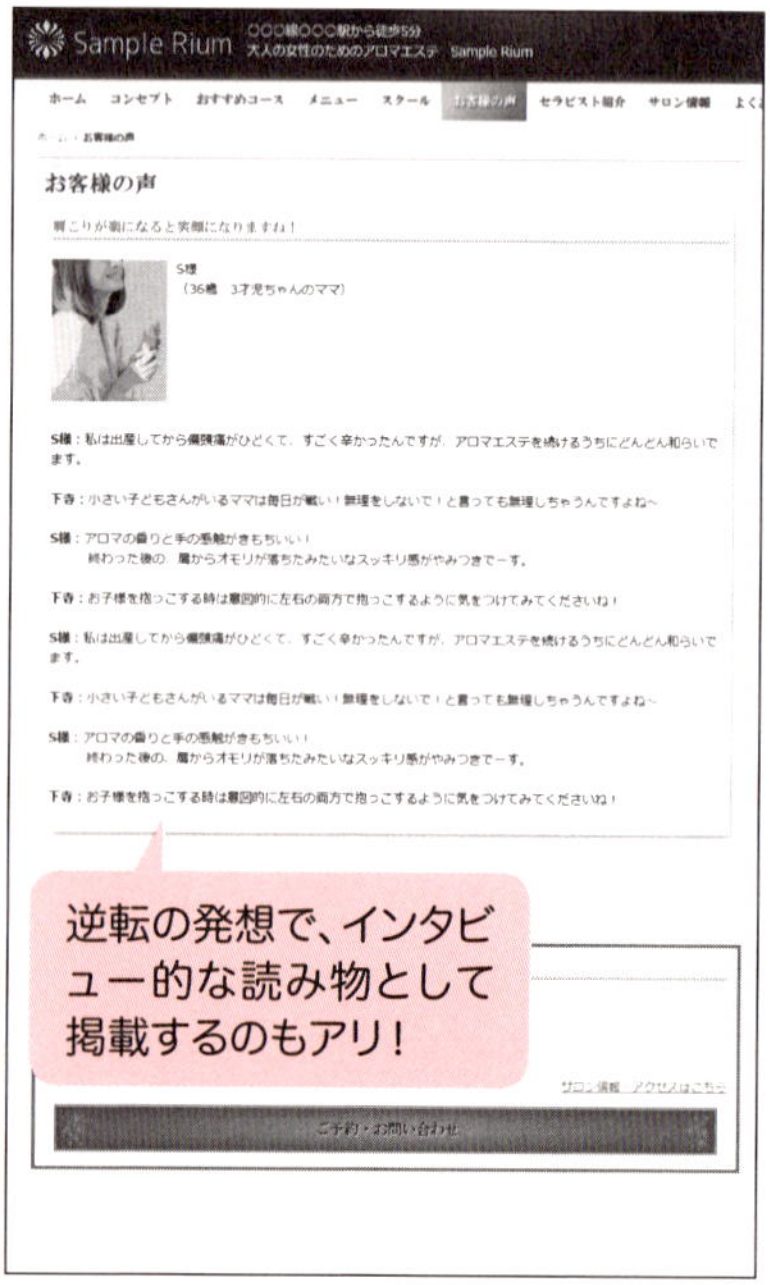

「お客様の声」ページは閲覧数も多いページです。
手を抜かず作りこむことでお客様へのアピール度も高くなります。

こうすれば効果的にお客様の声を届けられる

普段からお客様の声を集める取り組みを

ホームページを作るという時になってから、お客様の声を集めると中々大変です。実際、お客様の声を集めるのに時間がかかってホームページの公開が遅れることも多くあります。

普段からお客様の声が収集できる仕組みにしておき、いつでも活用できるようにしておくことが望ましいです。

また、お客様の声をいただく時は「ホームページやチラシなどで頂いた声を使用させていただくことがあります」等の承認を得るようにしましょう。

メニューやコース、アピールポイントごとにまんべんなく声を掲載する

サロンがアピールしたいメニューやウリについて、まんべんなくお客様の声をいただくように心がけましょう。

ホームページに掲載した時に、特定のメニューに関するお客様の声ばかりが集中すると、バランスが悪くなってしまい、サロンの魅力を十分にお伝えできない場合があります。

お客様の手書き用紙や写真を載せて信ぴょう性アップ

お客様の声の中でも、褒めて頂いているものだけを厳選して、ホームページに掲載するのですから、どうしてもヤラセっぽくなってしまいます。

できるだけウソっぽさを少なくするために、お客様からいただいた手書きのアンケート用紙の写真や、お客様のお写真を掲載する許可をいただくのも良い方法です。思い切ってお願いしてみると、意外に写真掲載ＯＫのお客様が多いものです。

どんどん新しい声を追加していこう

ホームページを作成した時に掲載させていただいたお客様の声は、当然どんどん古くなります。お客様がホームページを見た時に「これ、いつの声？」と感じると逆効果になってしまうかもしれません。

ですからお客様の声を、定期的に追加していくことが大切です。お客様の声は、まさにお客様の言葉でサービスの良さが語られるので、とてもＳＥＯ（検索エンジン対策）的に良い内容であることが多いのです。

良い内容のページがどんどん増えていくのは長期的に検索順位の上昇に有効なので、ぜひとも継続的な追加を心がけてくださいね。

小さなサロンのネット集客ポイント09

ヤラセっぽくないお客様の声なら、集客に貢献する武器に！

Column

インタビュー的な記事にすることで読み物としての面白さも

「お客様の声ページ」だからといって、お客様からの声をそのまま伝える必要はありません。オーナー自らお客様にご感想を聞いて、それをまとめたインタビュー記事にする方法もあります。

「当サロンを知ったきっかけは？」「サロンに来られる前に困っていたことは？」

「サロンに来られてどうでしたか？」「当サロンに期待すること」

「これから当サロンに来られる方へのメッセージ」

というようにインタビューしていくと、かなり内容の濃い「お客様インタビュー」ができあがります。文章力に自信のある方はチャレンジしてみてくださいね。頂いたお客様の声をそのままお伝えするページと、お客様インタビューのページの両方があっても良いでしょう。

10 「鉄は熱いうちに打て!」サロンへの連絡手段は全ページの上下に

とても上手にサロンの魅力をお伝えしているホームページがあります。

オーナーの想いはアツく語られ、どんなサロンなのかも写真や詳しい説明でわかる。

もちろん、メニューに特徴もあって、流れなども丁寧に説明されている……こんなページを見たら「一度行ってみたいなあ……」と思ってしまいます。

でも、そんなページの一番下にサロンへの電話番号がない。ご予約フォームボタンもない。

これでは、せっかくその気になったお客様の気持ちも冷めてしまいます。

ホームページのゴールを明確に配置しましょう

すでに繰り返し述べていますが、サロンホームページのゴールは、お客様に来店してもらうことです。ただホームページをみて「このサロン良いわぁ……」と感じてもらうだけでは不十分なのです。ですからホームページには絶対に、電話番号の記載や予約フォームなどの連絡手段が必要であることはわかるでしょう。

問題はその位置です。通常、ホームページを訪れたお客様は、ページの上から下に読み進みます。ということは、お客様はページの上からだんだんとサロンに行きたくなる、サロンへの信頼・共感が増していくはずです。

その最後、ホームページの一番下にサロンホームページのゴールである、来店につながる電話番号やご予約フォームへの誘導がなければ、お客様の気持が冷めてしまうかもしれません。

「でも、ページの上のほうには電話番号とご予約フォームボタンあるよ?」

「サロン案内ページには電話番号があるよ?」

と思われるかもしれませんね。でも、その気になったお客様がページの一番下から上まで戻ってくれるとはかぎりません。ましてやサロン紹介ページの電話番号を探してくれるかなんてわかりません。

だから、**お客様がその気になった時すぐに行動できるように、ホームページの全ページの一番下に目立つように電話番号とご予約フォームを載せる必要がある**のです。

ページの一番下での連絡先（電話番号とご予約フォームボタン）の見せ方

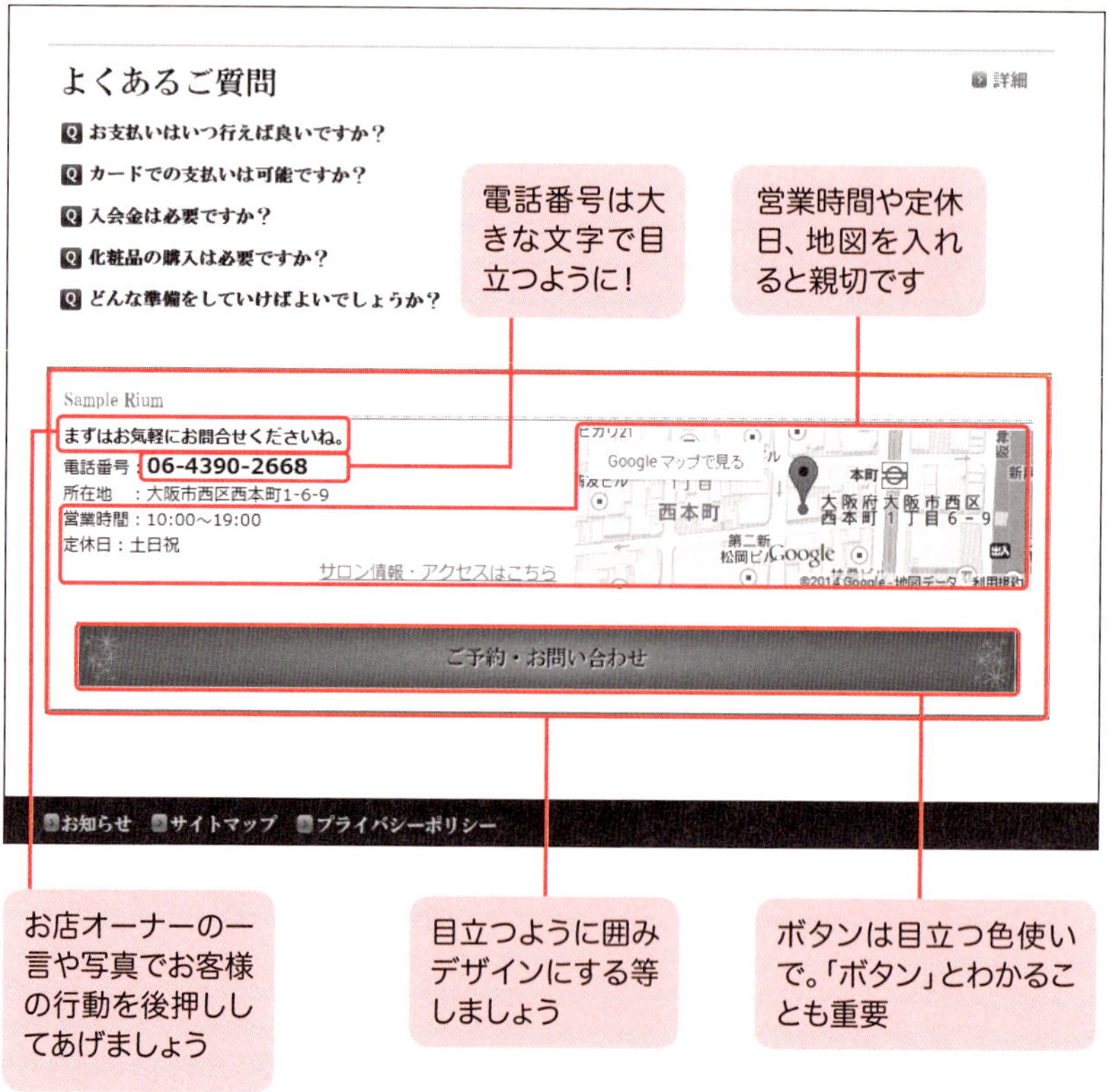

よくあるご質問
詳細
Q お支払いはいつ行えば良いですか？
Q カードでの支払いは可能ですか？
Q 入会金は必要ですか？
Q 化粧品の購入は必要ですか？
Q どんな準備をしていけばよいでしょうか？
電話番号は大きな文字で目立つように！
営業時間や定休日、地図を入れると親切です
Sample Rium
まずはお気軽にお問合せくださいね。
電話番号：06-4390-2668
所在地　：大阪市西区西本町1-6-9
営業時間：10:00～19:00
定休日：土日祝
サロン情報・アクセスはこちら
Googleマップで見る
西本町
ご予約・お問い合わせ
お知らせ　サイトマップ　プライバシーポリシー
お店オーナーの一言や写真でお客様の行動を後押ししてあげましょう
目立つように囲みデザインにする等しましょう
ボタンは目立つ色使いで。「ボタン」とわかることも重要

サロンホームページのゴールである、ご来店につながる重要な部分。目立つように作りましょう。

こうすれば「その気」になったお客様の気持ちが冷めない

電話番号・ご予約フォームボタンは目立つように載せよう

電話番号とご予約フォームボタンはホームページのゴールです。ゴールは目立つよう、お客様の目に留まるようにしなければ意味がありません。全体を囲んだり、色でコントラストをつけたりして目立つように工夫しましょう。

また、電話番号が他の文字と同じサイズだと、電話をかける時に他の文章と同化して、読みづらいかもしれません。電話番号は大きな文字サイズでパッとみてわかるようにしましょう。

お客様の背中を一押しする「アクションコピー」を

電話番号とご予約フォームボタンの近くに、

「まずはお気軽にご相談ください！」

「ご予約お待ちしております」

「あなたらしいキレイの第一歩、始めましょう」

等の言葉を添えるのも効果的です。

これらは、お客様の「その気」を行動に変えてあげる一言なのです。広告の世界では「アクションコピー」と呼ばれ、たいていの広告の最後にはこのアクションコピーがつきます（イメージ広告にはないこともありますが）。

　アクションコピーとともにオーナーの写真を載せると、予約を迷っているお客様に、安心感をもっていただきやすくなります。

ご予約時に確認したくなる情報も添えておこう

　ご予約する時に気になる、定休日、営業時間、場所（地図）がここでわかるとさらに親切です。お店にご予約する前は「定休日いつだったっけ？」とか「営業時間何時からだっけ？」と思うことが多いからです。

　そんな時に、ここでその情報がわかると、「その気」になっているお客様の気持ちが冷めずに、ご来店につながりやすくなります。

小さなサロンのネット集客ポイント10

お客様の「その気」が冷めないうちに行動へつなげましょう！

Column

同じページに電話番号やご予約フォームボタンが2つあっていいのです！

ページ下部に、電話番号とご予約フォームボタンをつけるようにアドバイスすると「1ページに電話番号を2つ載せてもいいの？」と心配になるサロンオーナーが多いです。

1枚のページに情報が重複すると、シツコイ印象を与えるかも……という心配があるのでしょう。

でも大丈夫。お客様はページのどこを見ていて「その気」になるのかわかりません。その気になった時電話したり、ご予約フォームをポチっとしたりできるように、全てのページの上部と下部に電話番号とご予約フォームボタンをつけることが必要なのです。

2つあっていいんです

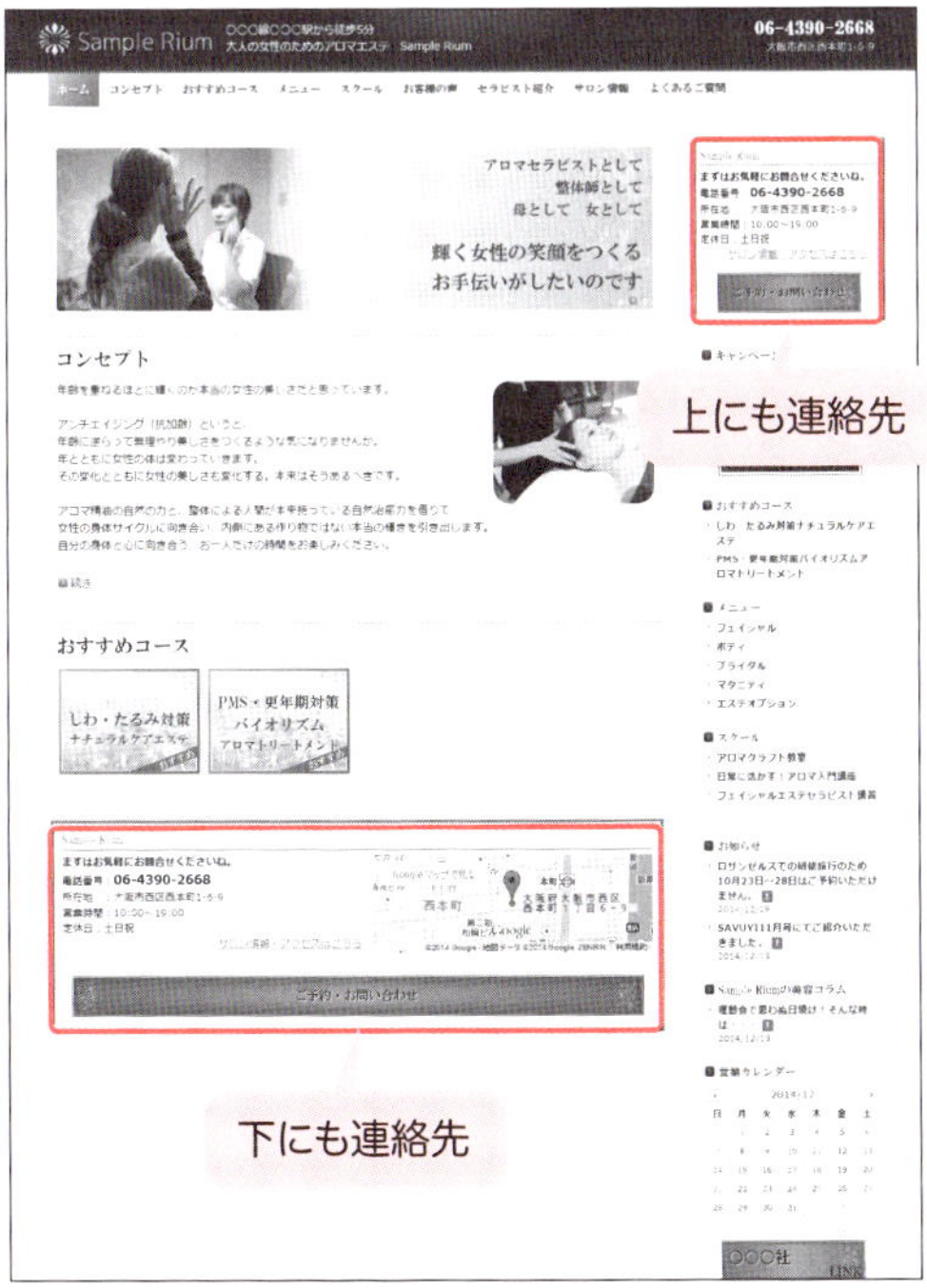

11 予約フォームの設問は必要最小限に！

ある人気サロンで、ホームページからの予約が減っていき、最も多い月の半分になってしまったことがありました。そのサロンはホームページからのご予約が大半を占めていたので大打撃。でも、ホームページ全体の訪問者数は変わりがないのです。これはあきらかにホームページに何か問題があることを表しています。

このサロンのオーナーから相談を受けた私は、ホームページをくまなく調査して、わかりにくい流れを整備したり、各ページからゴールへの誘導を強化したりするようアドバイスしました（実際少し見にくい流れになっていたのです）。

しかし、そのサロンがアドバイスを実行してホームページを修正した後も、少ししか予約数は増えません。原因不明……と諦めかけた時に見つけたのが、予約フォームの設問の多さ。なんと設問数は30問を超え、３スクロールしなければ全てが表示されないくらいに、長い予約フォームになっていたのです。

予約フォームの設問はとにかく最小限に！

なぜこんなに設問数が多くなってしまったのか？　オーナーに聞くと、お客様からのご要望があるたびに、設問を増やしていたとのこと。

あわててオーナーを説得して、設問数を予約時に必要なものだけに絞り込み、予約フォームを設置した当初の８問に戻しました。

すると徐々に予約数は増えていき、やがてホームページからの予約の月間最高記録を更新しました。

あまりにも設問数の多い予約フォームにお客様は嫌気がさしていたのです。

予約フォームは、サロンのホームページのゴールです。

ホームページを見て、ご予約する気になったお客様が、肝心のゴールである予約フォーム入力の手間が面倒で、ご予約に至らなかった……などということになったら、全てが台なしです。予約フォームを作る時は「どうしたら設問数を少なくできるか」という考えで作成しましょう。

サロンとしてはついつい「聞いておきたいこと」や「聞いておくと便利なこと」を設問に加えてしまいますが、基本は予約時に必要な設問だけにしましょう。

その他の質問は、お客様にはご来店頂いた時にご質問できるものもあるはずです。お客様がご予約しやすいフォームを作ることを、第一に考えましょう。

お客様に嫌われない予約フォームづくりのポイント

予約フォームをシンプルにするのは、お客様の面倒を減らすという「心づかい」。

その気になったお客様の気持ちが冷めないように、シンプルかつ丁寧な心づかいでお迎えする気持ちで予約フォームを作りましょう。

設問数は最小限に

お客様が難しく考えなくて良いように、設問は予約時にどうしても必要な最小限のものにとどめましょう。また、設問もシンプルなものに。

いろいろ聞きたくなりますが、細かいことは来店された際にお聞きすればよいのです。シンプルに！　シンプルに！

予約フォームはこう作る！

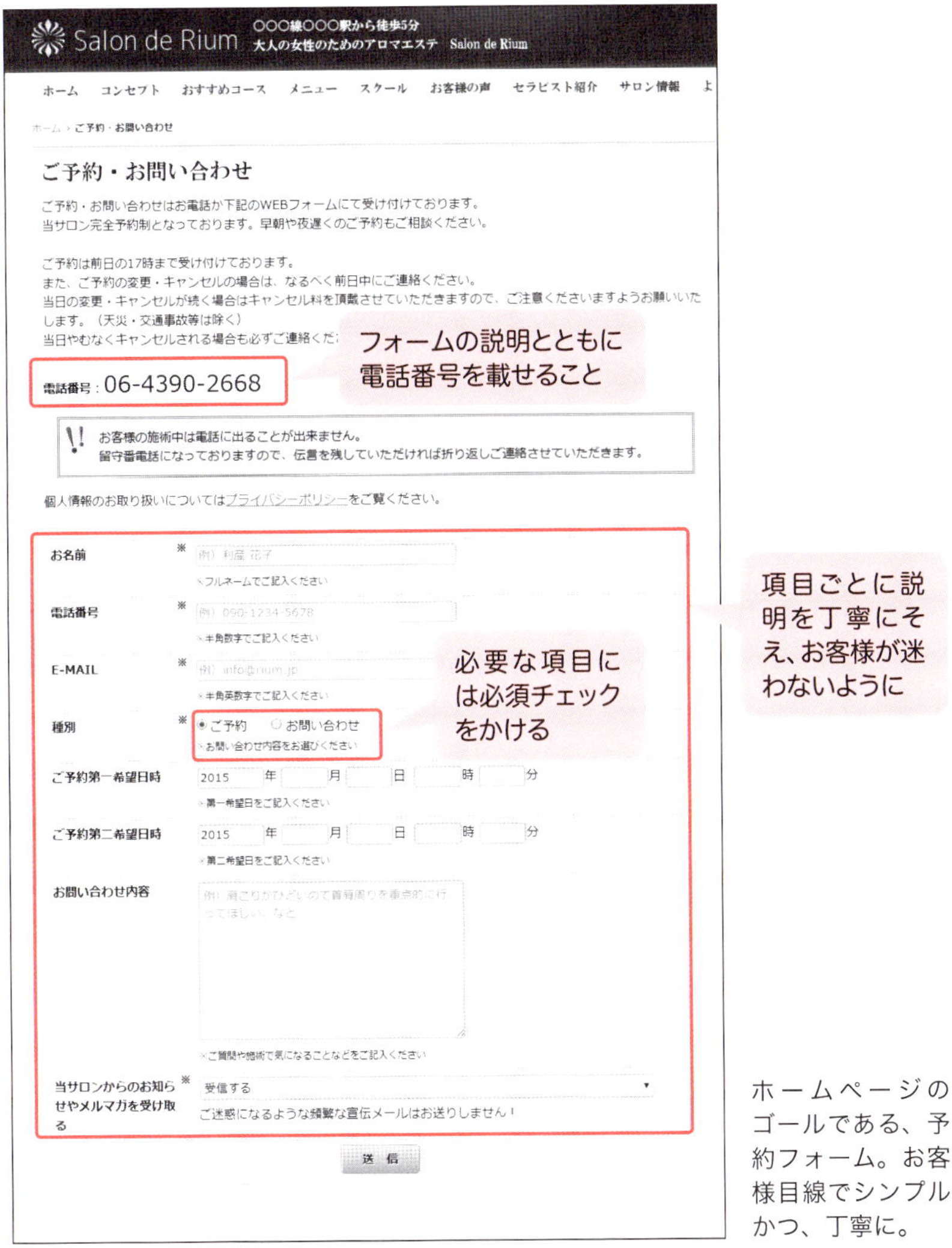

Salon de Rium
○○○線○○○駅から徒歩5分
大人の女性のためのアロマエステ Salon de Rium
ホーム コンセプト おすすめコース メニュー スクール お客様の声 セラピスト紹介 サロン情報
ホーム > ご予約・お問い合わせ
ご予約・お問い合わせ
ご予約・お問い合わせはお電話か下記のWEBフォームにて受け付けております。
当サロン完全予約制となっております。早朝や夜遅くのご予約もご相談ください。
ご予約は前日の17時まで受け付けております。
また、ご予約の変更・キャンセルの場合は、なるべく前日中にご連絡ください。
当日の変更・キャンセルが続く場合はキャンセル料を頂戴させていただきますので、ご注意くださいますようお願いいたします。（天災・交通事故等は除く）
当日やむなくキャンセルされる場合も必ずご連絡くだ
電話番号：06-4390-2668
フォームの説明とともに電話番号を載せること
お客様の施術中は電話に出ることが出来ません。
留守番電話になっておりますので、伝言を残していただければ折り返しご連絡させていただきます。
個人情報のお取り扱いについてはプライバシーポリシーをご覧ください。
お名前 ※
フルネームでご記入ください
電話番号 ※
半角数字でご記入ください
E-MAIL ※
半角英数字でご記入ください
種別 ※ ご予約 お問い合わせ
お問い合わせ内容をお選びください
必要な項目には必須チェックをかける
ご予約第一希望日時 2015 年 月 日 時 分
第一希望日をご記入ください
ご予約第二希望日時 2015 年 月 日 時 分
第二希望日をご記入ください
お問い合わせ内容
ご質問や施術で気になることなどをご記入ください
当サロンからのお知らせやメルマガを受け取る ※ 受信する
ご迷惑になるような頻繁な宣伝メールはお送りしません！
送信
項目ごとに説明を丁寧にそえ、お客様が迷わないように

ホームページのゴールである、予約フォーム。お客様目線でシンプルかつ、丁寧に。

記入例や、記入上の注意を入れて丁寧に

お客様が、設問に答える際に疑問がないように、設問ごとに記入例を示したり、項目についての説明を丁寧に添えるだけで、グッと記入の際のハードルが下がりますよ。

フォームの上部には電話番号を

お客様がフォーム入力中に面倒になっても、すぐに電話できるようにフォーム上部には電話番号を大きく載せておきましょう。

入力が面倒で、冷めてしまった気持ちを、つなぎとめることができるかもしれません。

絶対に必要な設問は「必須」に

シンプルがベストですが、あまりにも簡素にしすぎて、予約に必要な内容を聞き逃してしまっては意味がありません。

予約に絶対に必要な内容については、入力しなければフォームが送信できない「必須チェック」をつけておきましょう。必須項目が入力されていない場合の注意も、わかりやすく出すようにしましょう。

小さなサロンのネット集客ポイント11

予約フォームをシンプルにするのは、お客様への心づかい♥

Column

ネットショップで最も嫌われる「カゴ落ち」

ホームページのゴールであるフォームで、お客様が離脱してしまうことを、ネットショップ業界では「カゴ落ち」と呼び、もっとも嫌います。苦労してあの手この手で説得してお客様をその気にさせたのに、最後の最後で自らが設置したフォームの心づかいのなさが原因でお客様を逃したのですから。

そのためネットショップ運営者はこの「カゴ落ち」を減らすために徹底的にフォームの改善を行うのです。サロンでは実際にお会いできるという強みがあるので、ついついホームページでの心づかいについての改善を怠ってしまうことが多いようです。このあたりはネットショップに学びたいものですね。

12 メルマガ登録は、ホームページの効果を高める「魔法のツール」

メニュー、オーナーの想い、サロンの案内、スタッフの紹介などで、サロンのことを丁寧に説明しても、ホームページを見たお客様すべてをご予約に導くことは不可能です。

間違ってホームページを訪れた方も多いし、ホームページをよく読んでサロンを気に入ったお客様であっても、ご予約に至らない場合も多いはず。

ですから、「ホームページに訪れたのに、ご予約に至らなかったお客様とつながる仕組み」が必要なのです。

その最も有効な方法は、ホームページにメルマガ登録の仕組みを設置することでしょう。

メルマガはホームページの効果を2倍3倍にする！

ホームページを訪問したお客様が、ご予約に至る確率はどれくらいでしょう。もちろん個別の違いはありますが、私の経験からするとだいたい1／300～1／800くらいです。

つまり来訪者300人に1人〜800人に1人しかご予約に至らないのです。

ホームページで丁寧にサロンのことをお伝えしていれば、サロンのことをすごく良いと感じたお客様が数人はいたはず。ですが、ご予約に至らなかった。「ホームページからご予約して実際にサロンを訪れる」という行動のハードルはとても高いのです。

そこで、「予約」よりも行動ハードルの低い「メルマガ登録」が有効に働くのです。

サロンのことはすごく気に入っているわけですから、無料でお役立ち情報を知ることができるメルマガなら、数人は登録していただけたかもしれません。**その数人に継続的にお知らせをお送りすることで1名でもご来店があったら、300分の1だったホームページの予約確率が、300分の2（150分の1）、つまり2倍にアップ**するのです。

ホームページの訪問者数を2倍にすることはとても大変ですが、メルマガ登録をホームページに設置し、継続的にメルマガを配信することはコツコツやれば誰にでもできます。

有名なサロンや伸びているサロンのホームページには必ずと言ってよいほどメルマガ登録がついているのはこの理由からです。

ホームページにメルマガ登録を設置する時のポイント

登録したくなるメルマガタイトルや説明をつけよう

単なる「〈お店名〉のメルマガ」としないで、サイトを訪れたお客様が思わず登録したくなるような、魅力的なタイトルつけると登録率は高まります。

また、「どんな内容のメールが来るのか」「登録するとどんなメリットがあるのか」などのメルマガ内容の解説を行いましょう。メルマガサンプルやメルマガバックナンバーを公開するのもよいですね。

メルマガ登録フォームはシンプルに

メルマガ登録の目的は見込みのあるお客様にメールをお届けすること。極端に言えばメールアドレス以外のデータは必要ありません。予約フォームと同じく、メルマガ登録フォームも根ほり葉ほりご質問しないで、設問数を少なくシンプルにし、できるだけストレスなくメルマガ登録できるようにしましょう。

ページ下部やサイドなど常にメルマガ登録を表示させる

ホームページを離脱する寸前のお客様の目にとまるように、ホームページの目立つ部分（ページ最下部やサイドバーなど）に、常にメルマガ登録を表示させておきましょう。見つけてくれるかが勝負の分かれ目です。

メルマガ登録特典をつけることも考えよう

メルマガに登録すると、クーポンがもらえる、ノウハウをまとめたＰＤＦの小冊子がダウンロードできる、などの登録特典をつけるとメルマガ登録率が格段にアップします。

お客様の立場に立って、どんな特典があればメルマガ登録しやすいかを考えて、特典をつけてみましょう。効果がない場合は特典を変えて反応をみることも大切です。

小さなサロンのネット集客ポイント12

メルマガはホームページの効果を高める魔法のツール

Column

見込のお客様へのフォローが最も効果的な理由

ホームページのゴールは、お客様を「ご予約・ご来店」へ導くことですが、第二の目的は「見込みのお客様情報をつかまえること」です。

ご予約に至らなかったが、サロンを気に入ってくれた「お客様候補」に対して直接的に、継続的にアプローチできるメルマガは繁盛店に必須のツールです。

ホームページでの予約獲得目標とともに、毎月5％くらいのメルマガ登録者数の増加を目標にして、積極的に取り組みましょう。

コンサルタントは見た！ セラピスト集客あるある４コマ③

「計算しようよ」

13

「お役立ちコラム」が新規のお客様を連れてくる！

サロンのホームページの大きな役割は、新規のお客様へのアピールです。メニューの良さ、サロンの雰囲気、セラピストの人間性などをホームページでお伝えします。

でも、それだけだと、既存のお客様がホームページを見た際にどう感じるでしょうか。自分に役立つ情報がなければ、何度も見ようとは思いませんよね。

サロンのホームページでは新規のお客様へのアピールとともに、既存のお客様のお役に立つ情報の発信も重要なのです。

既存のお客様への「お役立ちコラム」が新規のお客様に響く

既存のお客様のために、プロの立場からの情報をホームページのコラムで発信しましょう。

「お役立ち情報なんて、書けないわ……」と難しく考えなくてもＯＫ！　普段ご来店いただいているお客様へのちょっとしたアドバイスがあると思います。

例えば、

「これからは乾燥するから、〇〇〇してくださいね～」

「怒りに心が支配されそうになったら、指先に意識を集中するとよいですよ」

「デスクワークを1時間したら、この体操をやってみてくださいね。コリがほぐれますよ」

のような。

これらのアドバイスは、特定のお客様にだけ役立つわけではなく、多くのお客様に当てはまることが多いでしょう。そんなアドバイスを文章にして、ホームページのコラムでお伝えするとお客様に喜ばれると思いませんか？

このような現在のお客様に喜ばれるお役立ちコラムの更新は、新規のお客様への獲得にもつながります。お客様の悩みを解決するアドバイスは、新規のお客様があなたのサロンを探している時に使う「検索キーワード」を自然に含むようになります。

ですから、お役立ち情報がホームページにたくさん載っていると、検索エンジン対策（SEO）の効果が高くなり、新規のお客様に見つけてもらいやすくなるのです。

また、既存のお客様のことを大切にしている姿勢がホームページから伝わりますので、新規のお客様に好印象でしょう。

ホームページでのお役立ち情報発信テクニック

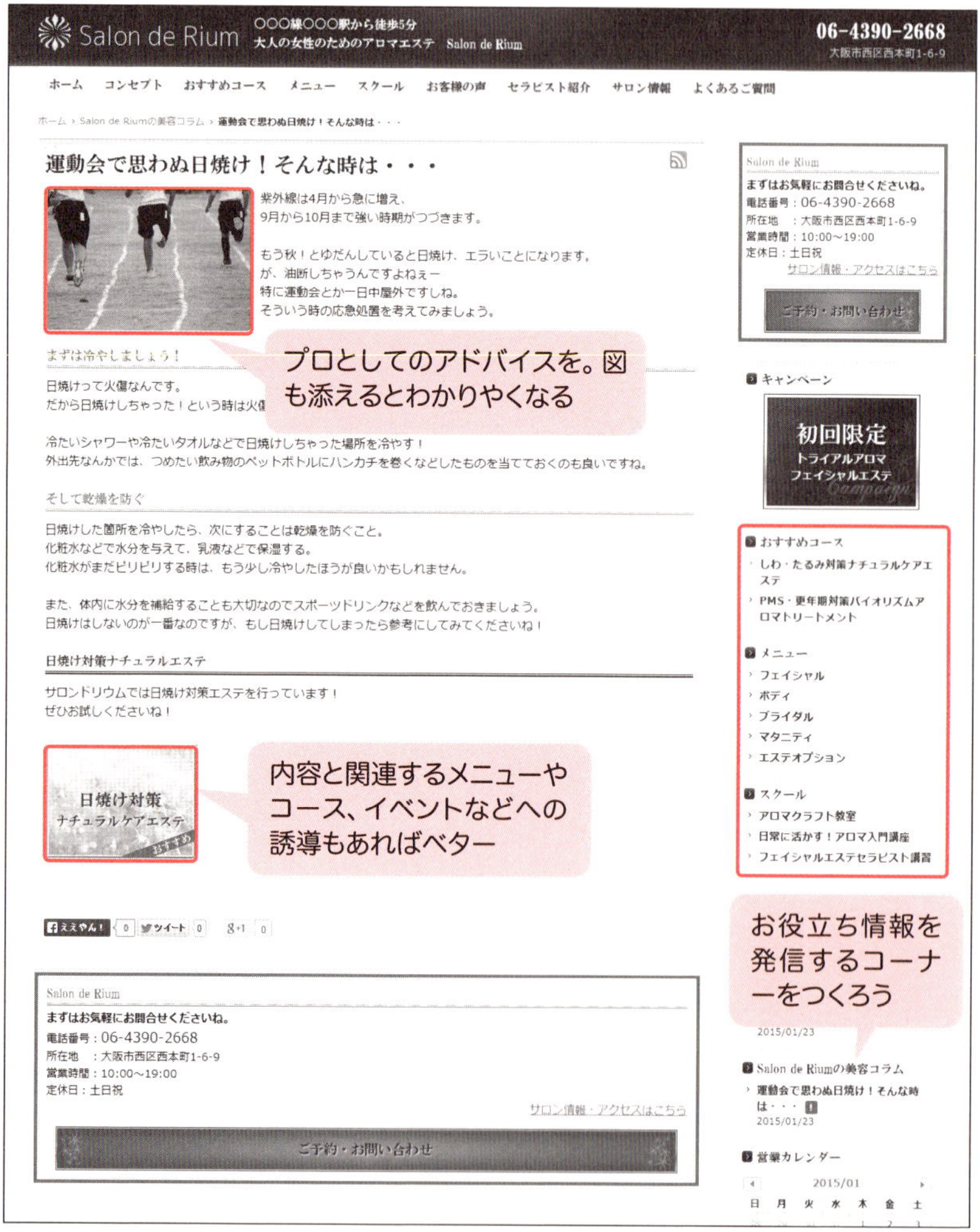

現在のお客様のお役に立つ情報発信が、新規のお客様を連れてくる！

ホームページでのお役立ちコラム更新のポイント

既存のお客様に喜ばれ、検索エンジン対策（SEO）の効果があり、新規のお客様にも好印象……と良いことだらけに見える「お役立ちコラム」の更新ですが、コツコツと継続しなければ効果が出ません。継続して「お役立ち情報」を発信するためには、次のようなポイントをおさえるとよいでしょう。

普段のアドバイスを一般化して書こう

「普段しているアドバイスって特定のお客様のためのものだから、書いちゃうとその方のプライバシーにかかわるし」

もちろん、実際にお客様に行ったアドバイスをそのまま書いてしまってはいけません。もう少し対象を広げて考えることが必要です。

「冷え性の方に向けて」「デスクワークがメインのお仕事の人に向けて」「嫁姑問題に悩んでいる人に向けて」などの一般的なアドバイスとして書けば、特定のお客様のプライバシーに触れることなく多くの方へのお役立ち情報になります。

量より質で勝負！

新規のお客様に見つけていただく検索エンジン対策（ＳＥＯ）の効果を考えると、更新頻度を高くしてできるだけ沢山の情報をどんどん追加したほうが良いのは事実です。

だからといって更新頻度にとらわれすぎ、あまりお役に立たない情報を増やしすぎるとホームページ全体の内容が薄くなり、既存のお客様への「お役立ち度」も下るうえ、検索エンジンでも上位に上がらなくなるなどのデメリットがあるようです。

更新頻度は重要ですが、できる範囲で、本当に役立つ質の高い情報を発信するようにしましょう。

お役立ち情報発信のゴールがあればなおよし！

役立つ情報を発信するための目的ですが、「冷え性についてのアドバイス」→「冷え・むくみ対策フットケアコースへの誘導」のように、発信したお役立ち情報に関連するメニューやコース、イベントなどに誘導できると効果的です。

ただし、狙いすぎると「ちょうちん記事」のようにわざとらしくなるので、自然な流れでおすすめできる時だけに使いましょう。

小さなサロンのネット集客ポイント13

既存のお客様の役に立つ情報発信が〝サロンへ行きたい〟原動力に！

Column

既存のお客様に向けた情報の方が伝わる！

私が「現在のお客様向けのお役立ち情報」を強調するのは、新規のお客様を狙った情報発信は「嫌らしい感じ」になることが多いからです。

サロンのオーナーさんは真面目な方が多いので、新規のお客様狙いの文章を書くことに違和感を感じる方も多いし、頑張って新規のお客様狙いで情報発信をしてもわざとらしくなってしまうことが多い。であれば、**現在のお客様へのサービスのつもりで文章を書いたほうが自然で、しかも想定している対象があるので文章として伝わりやすくなります。**

真面目なオーナーさんほど、ホームページでの情報発信（コラム更新）では、いったん新規のお客様を狙うことは忘れて、現在のお客様に喜んでいただける情報発信を心がけることをおすすめします！

セラピスト支援のプロに聞く！

サロンのインターネット活用のポイント①

セラピストの学校　谷《たに》口《ぐち》 晋《しん》一《いち》さん

“セラピストは文章家じゃないからこそ、毎日の努力が必要”

私がセラピストさんのネット集客について感じるのは「ブログ信仰」ですね。ブログさえ始めれば、集客ができる！ザクザクお客様が来る！という（笑）。そして「コメント」や「ペタ」、「読者登録」なんかを頑張ると。でも全然集客できない。そして自分を責めるわけです。「私の文章に魅力がないんだわ」とかね。

そもそもセラピストで文章が書ける人はまれ

この現象に陥っちゃう原因はふたつあって、**ひとつはお客様に役立つ情報を載せていないこと。もう一つは文章力の問題**です。ブログやホームページで集客できていないセラピストさんは、まずこのふたつをチェックしてみてほしいですね。まず、ちゃんとお客様に役立つ情報を発信しているのか、「お昼に何を食べた」とかばかりだとお客様には響きませんよ。その次は、自分の文章がちゃんと伝わるように書けているのか。このふたつを意識すれば徐々に集客できるようになるはずです。

毎日ブログを書く。コラムを書くことで文章力がつく

自分の文章がまずかった場合、どうすれば良いのか。これが難しいんですよね(笑)。もともと本職がセラピストなんですから、文章家じゃない。だから文章が書けなくって当然なんです。最初からうまい人はいない。だったらどうするか。毎日書くしかないんですよね。お客様に役立つことを、お客様に伝わるように意識して書く。書いているうちに文章力がついてくる。これ以外ないです。

アイドルや芸能人みたいな、行間を開けた絵文字だらけのブログばっかり書いていると、文章力はアップしません。

あくまでブログやコラムは集客のために書く。そのために必要なことを意識して、毎日コツコツ頑張ってほしいです！

結果を出しているのはそういうサロンですからね。

谷口晋一

セラピストの学校　校長
ＮＰＯ法人　日本融合医療研究会　顧問
ＮＰＯ法人　ウーマンリビングサポート理事

自身のリラクゼーションサロンを７店舗経営した経験から、セラピスト支援を開始。
セミナー・コンサルティングに全国を飛び回る。
2010 年からセラピストがサロン経営を学べるスクール「セラピストの学校」を開校。
セラピストのためのスクーリングや DVD 教材の開発を精力的に行っている。

著書

「学べて、使える」オールジャンル・ハンドブック セラピストの手帖　（監修）（BAB 出版）
現代に求められるセラピストになるためのガイダンス 即実行！
オンリーワンのセラピストになる！（BAB 出版）
「福業」のススメ（あさ出版）
http://relax-d.com

セラピスト支援のプロに聞く！

サロンのインターネット活用のポイント②

一般社団法人 日本サロンマネジメント協会 代表理事 向井《むかい》邦雄《くにお》さん

“あまりにも情報が少なすぎるホームページが多いのが残念ですね”

私が、美容系サロンのインターネット活用で残念に思うのは、自己開示のできていないサロンが多いことですね。ホームページを公開するのは良いのですが、メニュー名と金額、サロンの場所案内などをサラッと掲載しているだけになってしまっている。非常にもったいないことです。サロンを探しているお客様からすると情報が少なすぎる。サロンのコンセプトや他のサロンとの違い、そしてセラピストの人柄……などの情報がないとお客様は不安でしょうがないので、そのサロンを選ぶことができないでしょう。

情報開示を行なうメリットは、情報開示を行なうデメリットよりも大きい

もちろん、ホームサロンなどでは情報開示が不安なセラピストさんがいることも理解できます。しかし、お客様への情報発信としてインターネットを活用することを基本に考えれば、情報開示を行って起こりうるリスクよりも、情報開示を行ってお客様に安心していただけるというメ

リットの方がずいぶんと大きいと思います。

順位にこだわるよりも、お客様に必要な内容の充実を

また、ホームページやブログの順位にこだわるセラピストさんも多いようですが、ここにも疑問をもっています。私がお客様に聞き取り調査した実感だと、本当に良いサロンを探しているお客様は少々検索順位が低くても、ホームページやブログをじっくり御覧になってお越しになるようです。ですから、順位は少々低くても内容が充実したホームページやブログを作成するほうが集客には効果的でしょう。逆に言えば、内容がスカスカのホームページの順位をいくら上位にあげても集客効果は期待できない、ということです。

お客様の立場に立って、お客様がサロンに来たくなる情報発信を

インターネットだけでなく、全ての情報発信に当てはまることですが、「お客様がサロンに来たくなる情報」を発信することが一番大切です。インターネットには様々な情報発信の方法がありますが、この一番大切な基本を忘れずに情報発信を頑張っていきましょう！

向井邦雄

一般社団法人 日本サロンマネジメント協会 代表理事
株式会社ライジングローズ 代表取締役
リピートサロンコンサルタント　著者　セミナー講師

自ら経営するサロンが８年で売上 18.6 倍、リピート率 98％を誇り、その秘訣を記した著書は、４年で 16 刷、２冊目も１年で８刷というベストセラーとなる。
現在も美容業界の発展のため、日々奔走している。

著書
お客様がずっと通いたくなる小さなサロンのつくり方
お客様がずっと通いたくなる「極上の接客」
（ともに同文舘出版）
http://www.rising-rose.com

第2章

「売り込まない」ための ブログとSNS活用 8のヒント

インターネットの普及により、サロンが活用できる様々なインターネットメディアが登場しています。手軽に活用できて、高い効果も期待できるこれらの情報発信手段を活用しない手はありません。しかし、手軽に活用できるインターネットメディアが増えたことで逆にメディアに振り回されているサロンが多く見られます。インターネットメディアは、あくまでも情報発信のための道具。この章では代表的なインターネットメディアの特徴を理解して、自分のサロンにぴったりな活用を行なうためのチェックとヒントをお伝えします。

1 ブログ・ホームページ・SNS・メルマガはこう使い分けて集客につなげる！

サロンの情報発信として、複数の発信手段に取り組んでいるセラピストさんも多いでしょう。そんな方が迷うのは、ホームページの更新、ブログ、フェイスブックなどのSNS、メルマガ……など、それぞれの使い分け。

お客様に伝えたい情報がひとつあると、「これはブログで書いたほうが良いのかな？　それともホームページ？それともメルマガで？？？」と迷ってしまう。

迷うだけなら良いのですが、迷って結局情報発信をしない、なんてことがあるとたくさんの情報発信手段を使っている意味がありません。

情報発信手段の使い分けは特徴を考えて自分で決める

サロンのインターネットでの情報発信手段の使い方、使い分けに正解はありません。しかし、使い方のルールを自分なりに設けておかないと、常に迷ってしまいます。

自分のサロンでは、どんな情報発信手段を活用するのか（または、使わないのか）、それぞれにどんな「仕事」をさせるのか。自分なりのルールを作ることが、上手な複数手段での情報発信の第一歩です。

では、どのようなルールにすればよいのでしょうか。

もちろん正解はありませんので自由にして良いのですが、情報発信手段にはそれぞれ特徴（得手・不得手）があります。

この特徴を理解してから、あなたのサロンに合った使い方をすると、結果に結びつきやすくなるでしょう。

サロンが情報発信に利用する主要4手段の特徴とは？

サロンが情報発信に利用することが多い、ホームページ、ブログ、SNS、メルマガの4つの情報発信手段の特徴をみてみましょう。情報発信手段の「役割分担ルール」の参考にしてください。

ホームページ……「情報をまとめて全体を見せるのが得意」

ネット上の分身

1章でみてきたホームページの役割は「ネット上のもう1つのサロン」として、丁寧にサロンを説明することでした。

ホームページは「お客様を説得する情報」「お客様から共感と信頼を得るための情報」「お客様と接触するしかけ」「既存のお客様向けの情報」など最低限サロンが発信しなければならない情報を上手にまとめて全体像を描くのが得意です。

ホームページの活用法

・サロンが進化したら、それに合わせてホームページも進化させ、サロンのことをモレなく伝える場所として更新していく

・サロンからの公式情報（お休みやキャンペーン・イベント・講座）の案内をきっちりと行う。

ブログ「情報がどんどん蓄積されるのが効果的」

お役立ち情報で見つけてもらうしかけ

お客様に役立つ情報を発信することで、既存のお客様に喜んでいただくとともに、その情報が蓄積されることで、サロンが新規のお客様に検索されて見つけてもらいやすくなります。

また、記事が蓄積されることで、ホームページ内ブログの場合はホームページ自体が、外部ブログの場合はブログ自体が検索されやすくなる効果も高いです。

ブログの活用法

・既存のお客様に役立つ情報をコツコツと追加していき、新規のお客様に検索されて見つけてもらうこと。

・サイト内ブログ＝お役立ちコラムの更新がホームページのＳＥＯ（検索エンジン対策）効果ＵＰ！

ＳＮＳ……「お客様とのやりとりが拡散しやすい場所」

口コミが広がるための発信場所

ＳＮＳの特徴は、「お客様からの反響が、お客様のお友達に伝わる」こと。たとえば、サロンが情報発信を行うとします。その情報がお役に立つ内容であれば、お客様からの「コメント」や「いいね！」などの反響があります。そのお客様の反響（「コメント」や「いいね！」）が、お客様のお友達に伝わるのです。つまり、口コミが起こりやすい状態の場所なのです。

SNSの活用法

・ホームページやブログの更新情報をお客様に伝える
・セラピストの日常やプライベートを発信し、お客様とのつながりを維持する

メルマガ……「お客様を直接的にフォローできる手段」

お客様との長いお付き合いのためのしかけ

メールマガジンは、他の情報発信方法と違い、お客様個人に直接情報をお送りできるのが特徴です。「お客様全体」にではなく、お客様個人に情報をお送りできるので、フォローに向いています。

メルマガの活用法

・既存のお客様への情報提供によるフォロー
・見込みのあるお客様への情報提供によるフォロー

インターネットメディアにも得意技がある！

ホームページ「分身」
様々な情報を統合して、サロンの全体像を描くのが得意

ブログ「蓄積」
役立つ情報を発信することで、情報が蓄積され、お客様に見つけられるようにするのが得意

SNS「拡散」
情報発信やフォローを、お客様のお友達に広げるのが得意

メルマガ「フォロー」
お客様や見込み客をダイレクトに長い期間フォローすることが得意

インターネットメディアにも特徴があります。本質的な特徴をつかんで活用することで、効果が上がりやすくなります。

小さなサロンのネット集客ポイント14

情報発信手段の「仕事」は、特徴をつかんで自分で決める！

Column

情報発信は単発勝負よりもチームワークで！

ホームページの更新、ブログ更新、SNSへの投稿、メルマガ配信……それぞれ行動をバラバラに行うより、連携を考えると集客の効果が高まります。

例えば、「ブログをご覧いただいたら、ホームページへ誘導してじっくりサロンのことをご説明して、メルマガ会員になっていただき、継続的にフォロー」というようにそれぞれ単独で、いきなり集客しようとせずにサッカーのパスを回すように、情報発信手段の役割ごとに仕事をさせるととても効果的です。

コンサルタントは見た！ セラピスト集客あるある4コマ④

「SEOって大切だよね！」

2 無料ブログの思わぬ落とし穴!!

小さなサロンをネットでアピールするのに手っ取り早いのが「無料ブログサービス」。無料で開設でき維持費もかかりません。その上操作も簡単で、同じブログサービスを利用しているサロン仲間も多い……となれば「最初はブログからはじめよう」となるのは当然かもしれません。

しかし、無料のものは無料の理由があるのです。この当たり前のことをちゃんと頭に入れてから利用しないと、後に思わぬ落とし穴に落ちてしまう可能性があることも理解しておきましょう。

無料ブログはなぜ無料なの?

ブログってよく考えるとすごいサービスですよね。簡単に記事を更新するシステムも無料。記事を保管しインターネット上に公開するサーバや回線の料金もすべてが無料です。

しかし、企業が運営するのですから、どこかで収益を上げていないとサービスを提供し続けられません。では、ブログ運営会社はどうやって収益をあげているのでしょう。

会社によって多少の違いはありますが、ほとんどは「広告収入」でブログサービスの運営費がまかなわれているのです。つまり、「利用者がブログを開設し記事を更新することで、運営会社が広告を出す場所が増え、広告収入が増える。だから無料でブログを利用できるようにしている」というビジネスモデルになっているのです。

ということは、無料ブログサービスの運営会社は「あなたのブログが、広告を出す場所として価値があるか」という基準で全ての判断が行われていると考えなければなりません。

最近、某有名無料ブログサービスで、記事やブログそのものが運営会社に削除されるという事件が多く発生しているようですが、この事件もブログ運営会社のビジネスモデルの視点から考えれば、理由は簡単に推測できます。広告を出す場所として相応しくないとブログ運営会社が判断した場合や、広告を出すスポンサーの意図に反したブログが存在する場合はブログ運営会社からすると利用者に無料でブログを利用させるメリットがないのです。

日々書き続ける記事はあなたのサロンの「資産」です。無料ブログサービスを利用することは、資産を他者の気まぐれな「意向」でいつでも削除できる場所に預けているリスクと、無料と手軽さとを交換しているのだと理解しておくことが必要でしょう。

無料ブログサービスのメリット・デメリット

無料ブログサービスのメリット	無料ブログサービスのデメリット
●料金がかからない ●操作などが簡単 ●開設が手軽にできる ●ブロガー（ブログ利用者）同士の交流が生まれやすい	●記事やブログ全体の削除権限を運営会社が持つ（削除の危険性） ●ライバルの広告が表示される可能性がある ●著作権を知らないうちに放棄していることがある

無料ブログの手軽さだけでなく、デメリットもちゃんと理解した上で利用するようにしよう。

無料ブログサービスのメリット・デメリットまとめ

無料で手軽な無料ブログサービスですが、そのメリットとデメリットを改めて考えた上で、現在の自分のサロンに合ったサービスなのかという判断をすることが大切です。

無料ブログサービスのメリット

無料ブログサービスのメリットを分析してみましょう。

・料金が無料

開業間もない小さなサロンにとっては、開設および利用に料金が発生しないというのは大きいメリットですね。サーバ料金、回線料金、ブログシステムの使用料、メンテナンス料、サポートサービス料……全てが無料というのは素晴らしい！

・操作などが簡単・手軽

パソコンがあまり得意ではない、多くの利用者が利用することを想定しているサービスなので、ブログを開設したり、記事を書いたり、写真を掲載したりすることが誰でも簡単に行えるようになっているのも大きなメリットです。最近では、スマホから簡単に記事の更新ができるブログサービスも多くなっていて非常に便利です。

・ブロガー同士のつながりが生まれやすい

利用者が多いと、「ブログを書いている人＝ブロガー」同士の交流が生まれやすいメリットもあります。同じブログサービスを使っている人同士であれば、お互いに読者登録したり、コメントしあったり、足跡を残したりする機能が付いていることが多いですね。この交流から、サロンにお越しいただいたり、お客様をご紹介いただいたりすることもあると思います。

無料ブログサービスのデメリット

次に無料ブログサービスのデメリットを見てみましょう。

・記事やアカウントの削除権限が運営会社にある

これが無料ブログサービス最大のデメリットでしょうね。無料でサービスが利用できるのと引き換えに、すべての決定権をブログ運営会社にあずけている状態なのです。「いつ削除されるのかわからない」状態の場所に頑張って記事をアップし続けるのはとてつもないリスクだと考えて下さい。

・ライバルの広告が表示される

無料ブログサービスが広告費によって運営されていることは述べました。最近の広告システムはどんどん賢くなっていて、記事に関連した広告を自動的に表示されるようになっています。

例えば小さなサロンのオーナーが頑張って「冬のスキンケア」に関するお役立ち情報をブログ記事として書いたとします。その記事の下には大手サロンのとても魅力的な広告が自動的に表示されるので、記事を読んだお客様が、大手サロンのホームページに誘導されてしまう可能性があるのです。これでは、ブログ広告主の大手サロンのために頑張っているようなものですね。

・記事をブログ運営会社に利用される可能性がある

無料ブログサービスの規約を読むと、「書かれた記事は運営会社が許可無く転載できます」という意味のことが書かれていることが多いです。つまり、頑張って書いた記事が承諾なくブログ運営会社に利用されてしまう可能性があるということです。

ブログ・SNS編

もちろん、勝手に出版されたり、悪用されたりすることはないと思うのですが、**書いた記事をブログ運営会社にどんな使われ方をしても、利用者は権利を主張しにくくしてある**と理解しておきましょう。

これはお役立ちブログを書いているサロンにとっては大きなリスクです。

小さなサロンのネット集客ポイント15

無料には無料の理由があると考えておきましょう

Column

今はサイト内ブログがトレンド

最近ブログ削除事件などもあって、無料ブログという不安定な場所に「記事」という「資産」を貯めていくことのリスクがクローズアップされています。

先進的なネットマーケティングに取り組む企業では以前から無料ブログからホームページ内ブログへの引っ越しが多く見られましたが、最近では小さなサロンでもホームページ内ブログを構築するところが増えました。

無料ブログサービスのデメリットを考えると、この流れは加速しそうな雰囲気です。

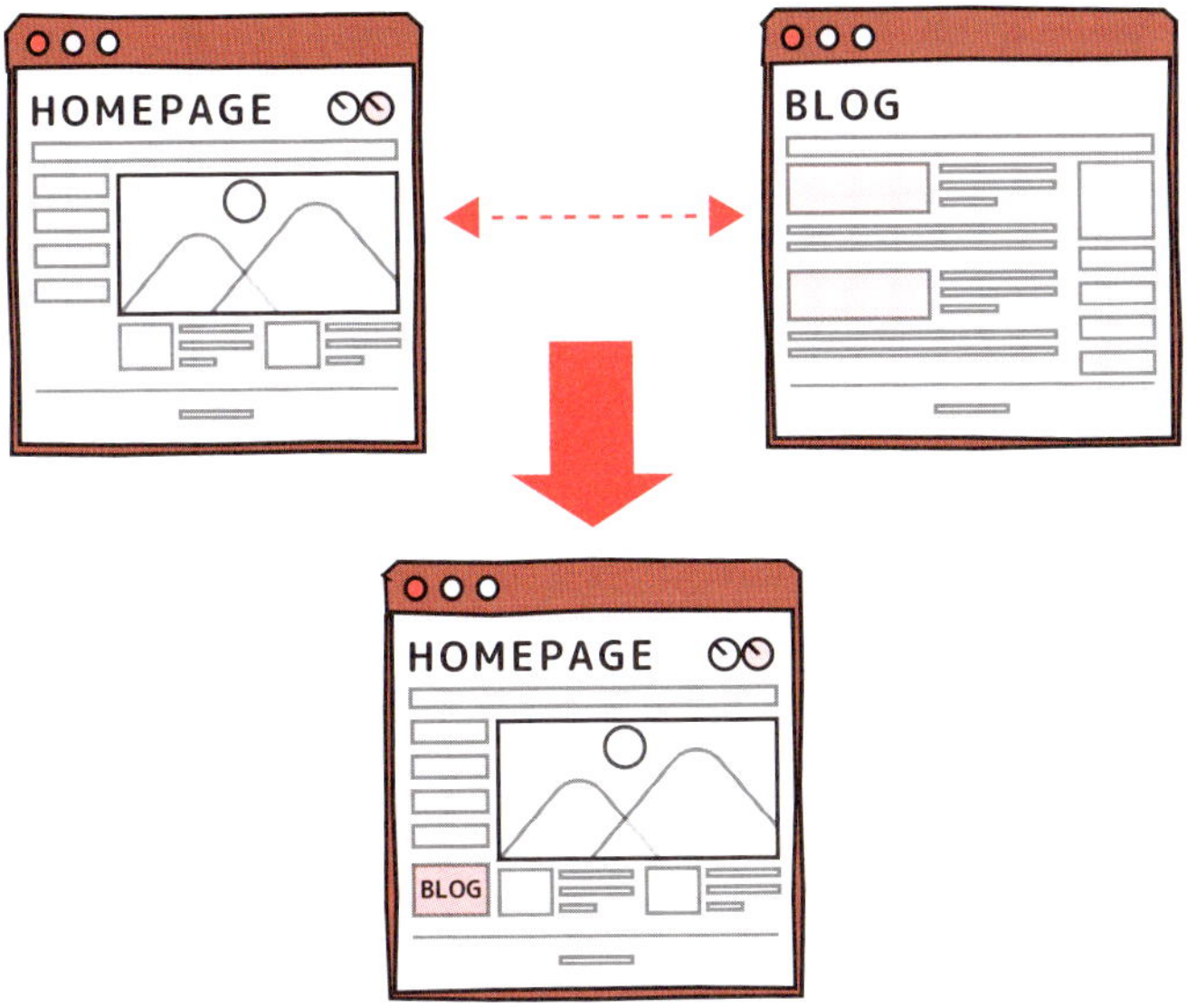

コンサルタントは見た！ セラピスト集客あるある4コマ⑤

「何のためのブログ？」

3 ホームページ×ブログは魅力発信の最強コンビ♥

最近、無料ブログのスキンをカスタマイズして、ホームページっぽい見た目にすることが流行しているようで、サロンでもブログをホームページ代わりにしているのをよく見かけます。

作成や公開にかかる費用は無料ブログサービスを利用すれば0円ですし、見た目をカスタマイズすればそれなりのデザインになるし、自分で好きな時に更新できるし、小さなサロンにとってはすごくよい条件に思えます。

しかし、サロンというお客様との距離感が近い商売の場合は、ブログをホームページ代わりにすると、集客ロスをしてしまう可能性があるのです。

「怖がっている」お客様にブログの情報では不足

サロンはお客様が「裸になる」場所です。エステサロンでは服を脱いで裸になる（フェイシャルのみのサロンでも「すっぴん」になる！）。ヒーリングサロンでは心を裸にしなければなりません。

そんな「裸になる場所」を初めて訪れるお客様は基本的にとても不安で「怖がっている」と考えてください。ですから、お客様の恐怖心を和らげるために、できるだけ沢山の情報をわかりやすく丁寧に開示する必要があるのです。

ブログは簡単に記事を更新できることが魅力ですが、新しい記事が常に上部に表示され、古い記事はどんどん見えなくなります。ですから、サロンの情報を総合的に伝えることができないのです。

そのデメリットを解決するために、ブログのスキンをカスタマイズして、メニューバーを設置して、特定の記事へリンクを貼るのですが、ブログの構造上、どうしても4～5ページへのリンクが限界のようです。この程度の情報量では、初めてお越しになるお客様の恐怖心を和らげるには不十分でしょう。

もし現在、不十分な情報だけでも集客できているのであれば、丁寧にサロンのことを情報開示すれば、もっと多くの来客につながった可能性があると考えられます。現在ブログだけで集客できているサロンは、多くの集客ロスをしてしまっていると考えてください。

ブログ単体ではなく、ホームページとの合わせ技がポイント

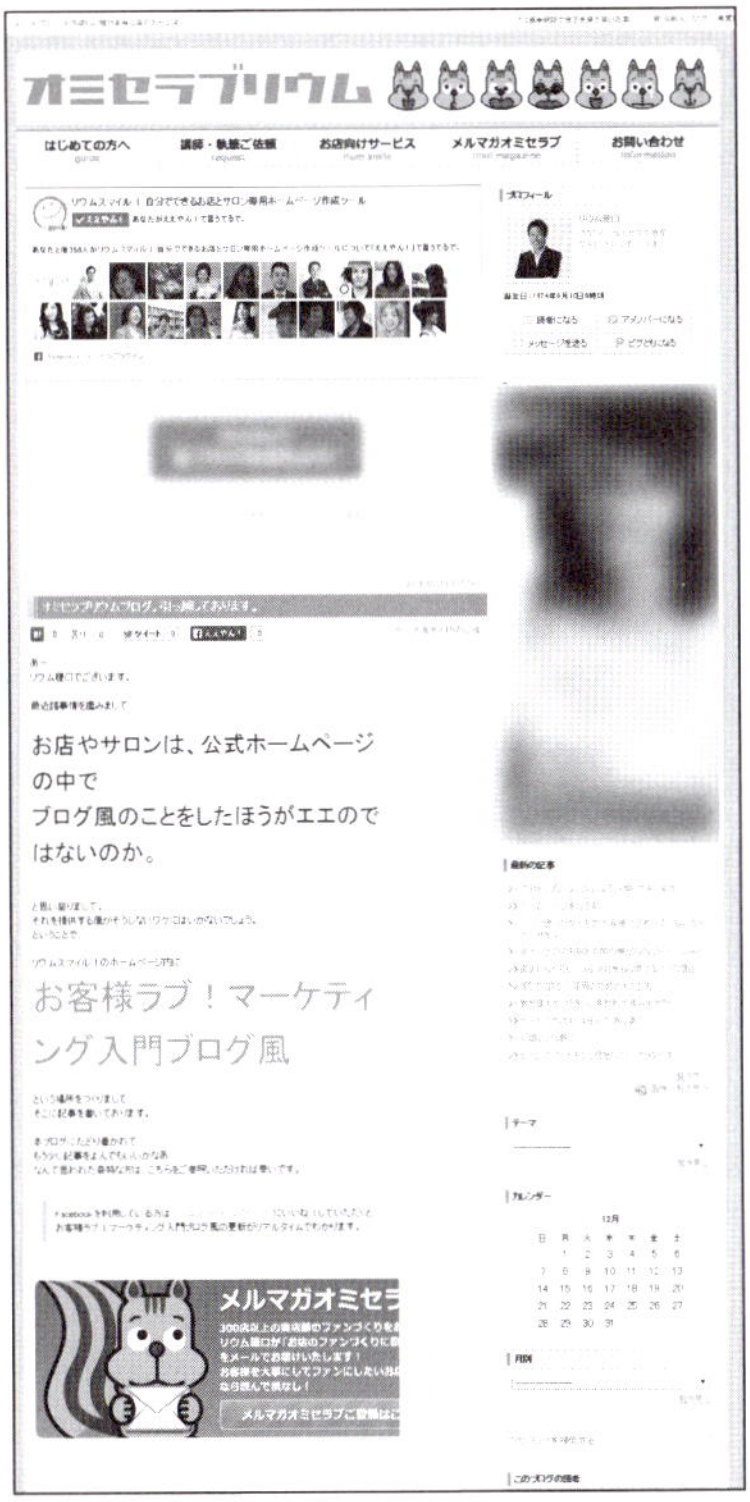

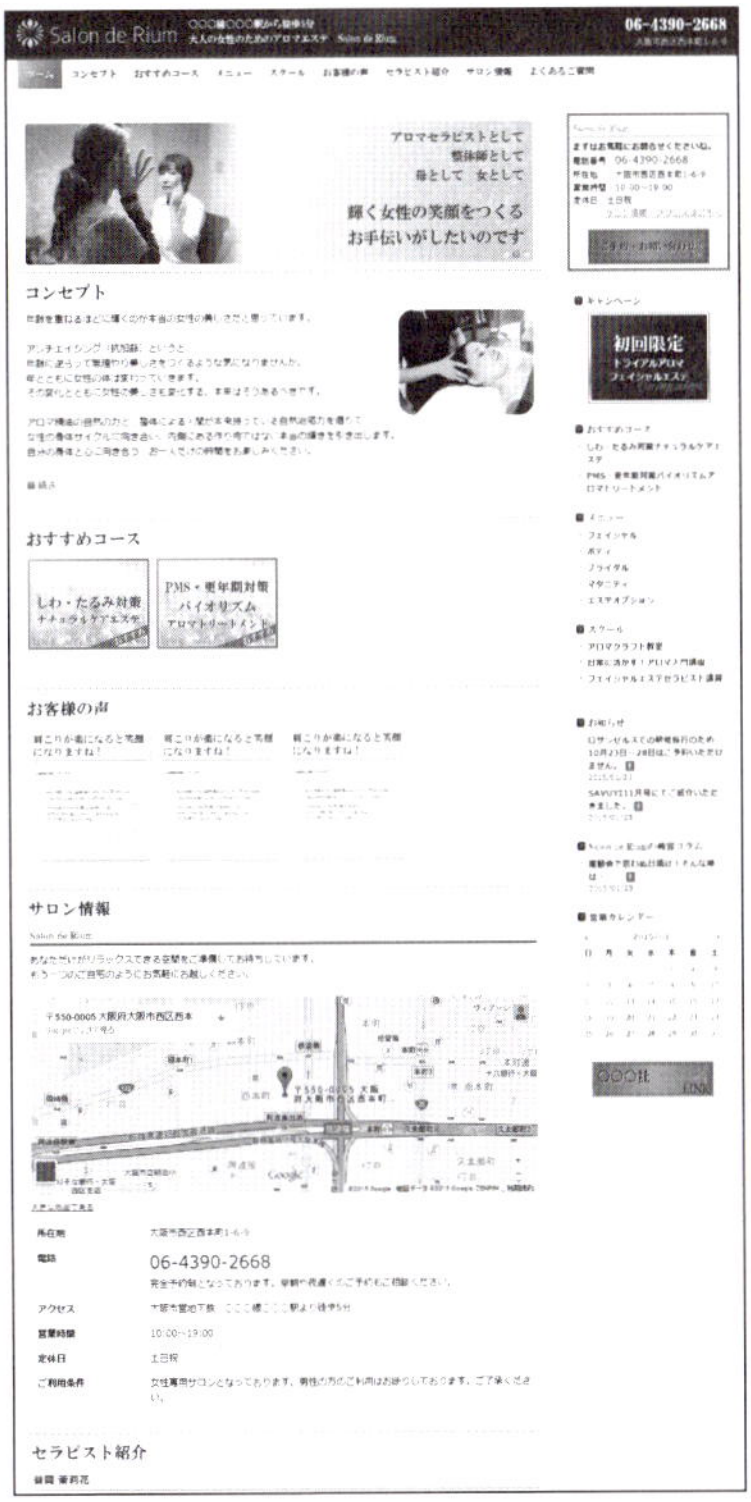

ブログ
記事をどんどん更新。
お客様にサロンの現状の姿を伝える記事を蓄積して、新規のお客様に見つけてもらう

ホームページ
サロンの情報を丁寧に開示する。
サロンの全体像を描いて来店の心理的なハードルを下げる

ブログとホームページの得意技を連携させれば無駄なく集客できる

ブログとホームページの合わせ技で、集客ロスをなくそう

では、ブログをどのように使えば、集客ロスなくサロンの魅力を伝えられるのでしょうか。

私が小さなサロンに提案しているのは、ブログとホームページ両者の「合わせ技」でサロンの魅力をアピールする方法です。

ブログの特性とは？

簡単に記事をアップできるブログは、どんどん情報を更新していくのに向いています。

最新の情報を常にお伝えできるので、サロンのナマの姿がお客様に伝わりやすい。そのためブログの読者になっていただくとお客様に親近感をもってもらいやすくなります。

また、その更新した情報が蓄積していくのもブログのポイントです。記事が沢山蓄積していると、検索エンジン経由で新規のお客様に見つけてもらいやすくなります。

ただ、**情報がどんどん新しくなりますから、伝えられる情報が断片的なのがデメリットです。**サロンの現状は伝わりますが、全体としてどんなサロンなのか、安心して訪れることができる場所なのか、などが伝わりにくいのです。

ごくまれに、過去に書いた記事を全部さかのぼってご覧になるお客様もおられますが、こ

のようなケースはまれだと考えたほうがよいでしょう。

【ブログ＝ナマの情報更新の場所】

ホームページの特性とは？

ブログに対してホームページは、サロンの全体像を上手に伝えるのに向いています。

サロンのコンセプトやメニュー、どんな場所なのか、セラピストはどんな人間か、どんな想いがあるのか、どんなウリがあるのか……などのサロンの魅力を構成する様々な要素を統合して表現できます。

ただ、こういう情報は固定的になりやすくサロンの「今」が伝わりにくくなります。

【ホームページ＝サロンの全体像をお伝えする場所】

ブログとホームページの合わせ技がサロン情報発信の基本

ブログとホームページのそれぞれの特性から、**ブログを更新することでお客様に見つけてもらい、ホームページでサロンの魅力の全体像を丁寧に伝える**という「合わせ技」が、小さなサロンにとってベストな活用法です。

ブログとホームページそれぞれの得意技を活かして連携させることにより、ブログを頑張って書けば、自然に集客につながるという流れができます。

どちらか片方だけだと、集客にロスがおこってしまい効率が悪くなってしまいます。限られた時間を使ってブログを更新するのですから、可能な限り効率的な集客を心がけたいものです。

小さなサロンのネット集客ポイント16

ブログはホームページとの「合わせ技」で活用すると無駄なく集客できる

Column

見た目ではなく、中身で勝負しよう

ブログオンリーでの集客にこだわるコンサルタントさんには、

「お客様は、ブログとホームページの見分けがつかない」

とおっしゃる方がおられるようです（ホンマかいな？　お客様をバカにしている気もしますが）。

まあ、見た目は見分けがつかないかもしれませんが、お客様がサロンにご来店するかどうかはその内容の丁寧さにかかっているという事実に変わりはありません。

ブログでホームページっぽい見た目をつくることに成功したとしても、内容がホームページ並に充実していないとお客様をサロンへ足を運ぶ気にさせることは難しいでしょう。見た目だけでなく、中身で勝負したいものですね。

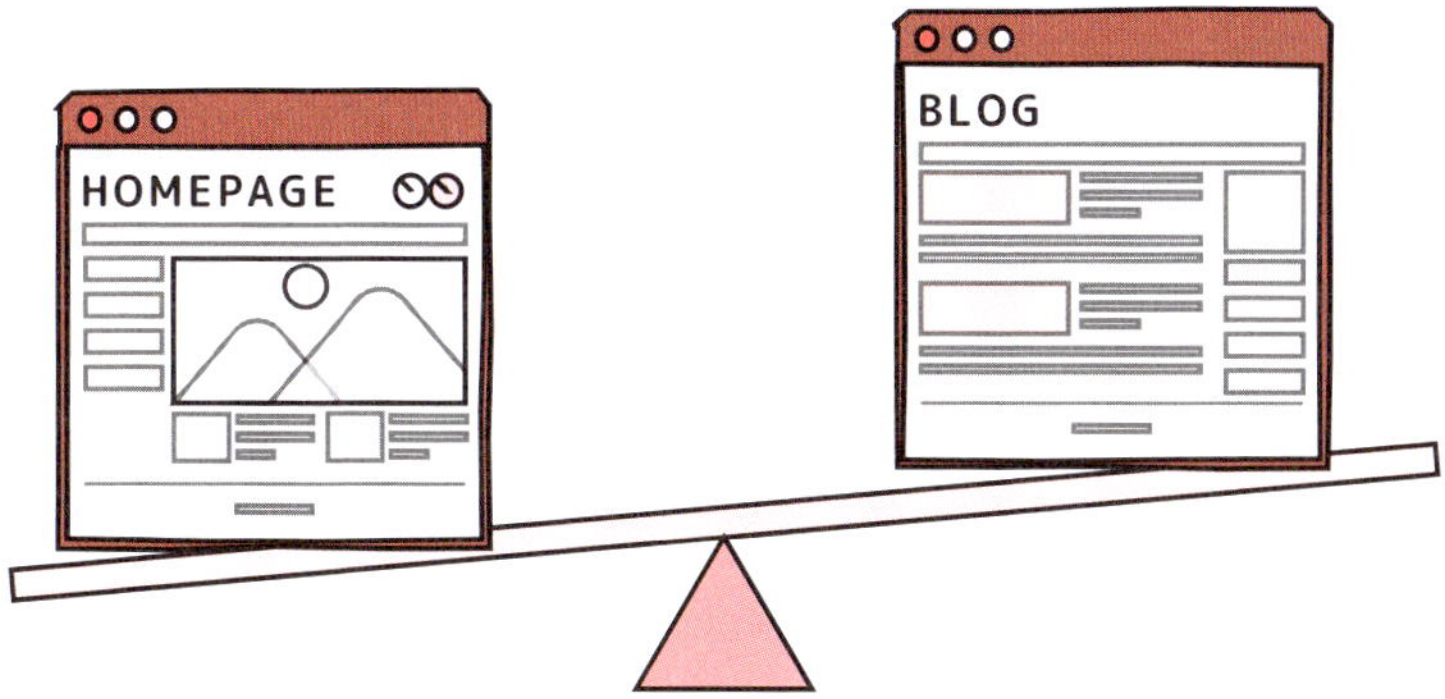

ブログ・SNS編

コンサルタントは見た！ セラピスト集客あるある4コマ⑥

「ありのままで……」

4

集客ミエミエのブログはイタい！

サロンのブログは、最終的にお客様の来店につながらなければ意味がありません。ですから、お客様に興味を持ってもらえるような、サロンやメニューと関係のある情報を更新していき、お客様に見つけてもらわなければ！と気合いが入ってしまいます。

その結果、サロンの宣伝ばかりで集客の意図がミエミエになってしまっているブログを良く見かけます。こういうブログを見ると、お客様は興ざめしてしまうでしょうね。

でも、この集客ミエミエ感は熱意の裏返しですから、なかなか自分では気づかないものです。

新規狙いの文章は難しい！と覚えておきましょう

なぜ集客ミエミエのブログになってしまうのでしょうか？　それは、**新規のお客様を狙うから**です。ブログの目的は集客なのですから、新規のお客様を狙ってブログを書くのは当然のように思われるかもしれません。しかし、集客ミエミエにならずに、新規のお客様の集客を狙って文章を書くのは広告のプロでも難しいのです。

文章を書くのが本業ではない、セラピストが新規集客向けの「自然な」文章を書くのはハードルが高いことなのだと覚えておいてください。自分では消したつもりでも、文章から「集客ねらい」がにじみ出てしまい、集客ミエミエの文章になってしまうのです。

では、どうすればいいのでしょうか。

セラピストが集客ねらいを避けるたったひとつの方法は、既存のお客様のサポートとしてブログを書くことです。現在ご来店してくださっているお客様を思い浮かべて、そのお客様に役立つように、そのお客様が喜ぶように、ブログを書いてみてください。セラピストにとっては、こちらのほうが新規のお客様狙いの文章を書くよりも楽だと思います。そして文章からは「集客ねらい」が消えます。

既存のお客様には喜ばれますし、新規のお客様にも役立つ情報が発信でき、新規のご来店につながる可能性が高まるのです。

集客ミエミエブログから、お客様お役立ちブログへ

集客ミエミエ
のブログ
BLOG
キャンペーン
メニューの紹介
サロンの宣伝

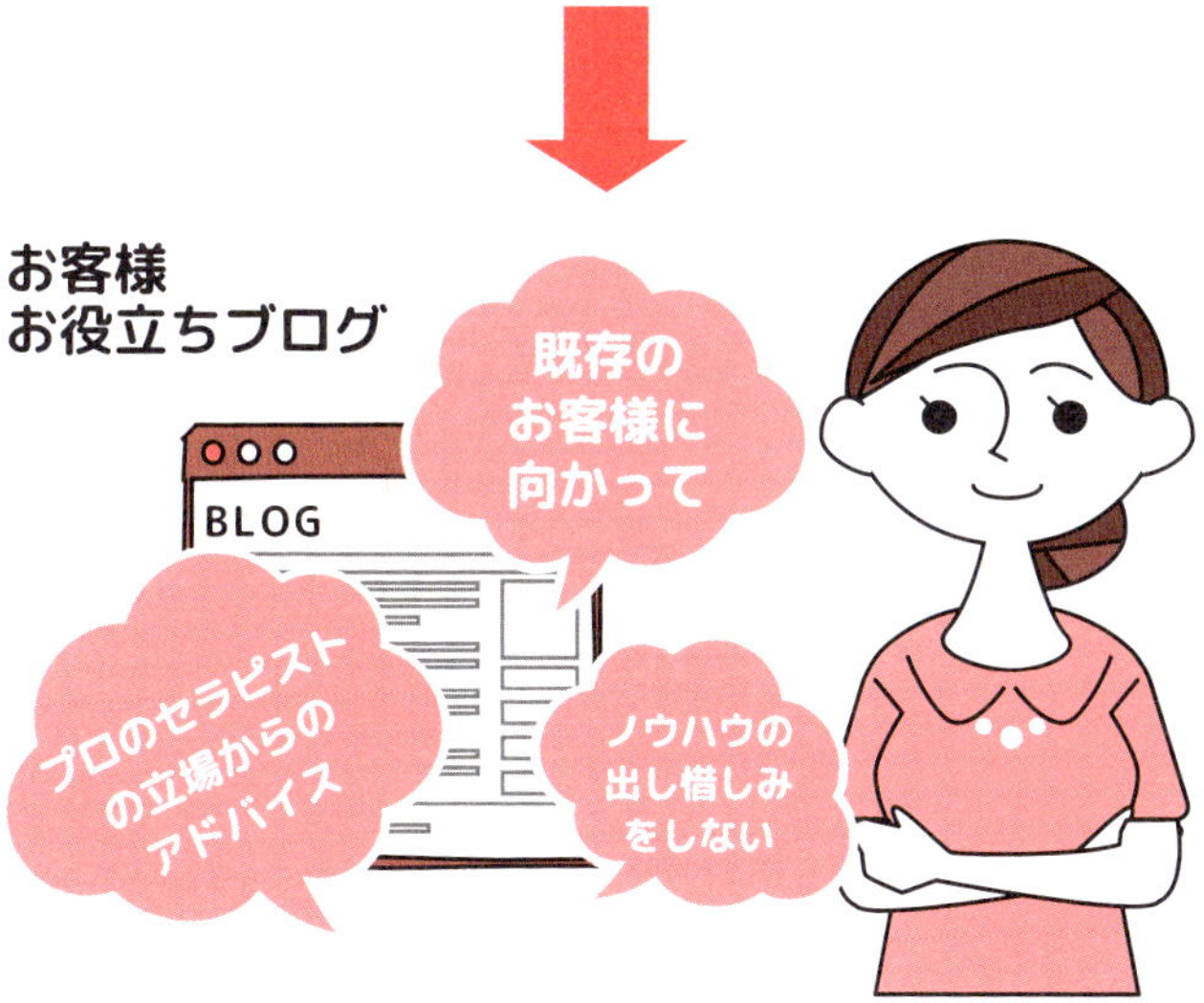
お客様
お役立ちブログ
BLOG
既存のお客様に向かって
プロのセラピストの立場からのアドバイス
ノウハウの出し惜しみをしない

本当にお客様の役立つ情報を発信すると、無理やり宣伝しなくても集客につながる！

集客ミエミエブログになることを避ける4つの工夫

1 現在ご来店いただいているお客様に向かって書く

新規のお客様のことはいったん忘れて、既存のお客様のことを思い浮かべて、その方の役に立つようなブログを書くことを心がけましょう。

そうすれば、集客ミエミエのいやらしい感じが抜けて、読み物として役立つブログになりやすいです。

2 プロのセラピストの立場からのアドバイスを

ブログに掲載するのは、プロのセラピストの立場からのお客様へのアドバイスがよいでしょう。例えば、お客様が自宅でできる「セルフケア」のノウハウなどが喜ばれやすいです。


「ちょっとした工夫でできる紫外線ケア」

「冬のカサつきへの対策はこれ」

「腰に違和感を感じたらこのストレッチ」

「気分がのらない時はイエローの力を借りて！」

など、お客様がご自宅で実践できるようなノウハウを提供する気持ちで書くとよいでしょう。

3 基本的にノウハウの出し惜しみをしない

「ノウハウを全部載せちゃうとサロンに行く必要がないと思われてしまうかも」と心配されるセラピストさんがおられます。プロとして磨いた知識を無料で提供することに抵抗がある方も多いでしょう。

これは非常にデリケートな問題ですが、知られてしまうとサロンの死活問題に関わるような重要なノウハウ以外は、基本的にオープンにするほうがうまくいくようです。

あなたのサロンが提供しているのは、ノウハウがわかるとサロンへのご来店が必要なくなるようなレベルのメニューではありませんよね？　それに、ノウハウレベルのお話は、あなたが公開しなくても、どこかのライバルが公開します。**出し惜しみをしているほうが損をすることが多い**のです。

4 関連するメニューにさりげなく誘導しよう

最後に、少しだけ集客につながることも考えておきましょう。

ブログ記事からサロンやメニューへの誘導を「さりげなく」設置します。単に、ブログ記事からサロンホームページのＴＯＰにリンクを貼るのではなく、記事の内容に関連するメニューの紹介ページを、参考情報として紹介するのです。

例）ブログ「自宅でできる乾燥肌対策のノウハウ」

←

当サロンでも「緊急！乾燥肌対策コース」を作りました。

こちらのページにも乾燥肌対策について書いていますので、ご興味のある方はご覧になってくださいね。

小さなサロンのネット集客ポイント17

集客のためのブログとはいえ、宣伝丸出しでは逆効果！

Column

ブログの内容はお客様軸で考えよう

サロンのことを知ってほしい、ご来店して欲しい。その気持ちは大切ですが、そのままの気持ちでいると集客の意図が見透かされてしまい逆効果です。

大切なのは、「お客様がほしいもの」という視点です。つまり自分軸ではなく、お客様軸でものを考えるのです。自分軸をお客様軸に変えるだけで文章もガラリと変わるので、集客ミエミエの文章から脱却したい方は、ぜひ試してみてください。

5 食わず嫌いはやめて♥SNSデビューのススメ

フェイスブックやツイッターなどのSNS（ソーシャルネットワークサービス）人口が増えています。上手に活用して集客やお客様のフォローに成功しているサロンも多い中、SNSデビューに踏み切れないサロンオーナーさんも多いようです。

「プライバシーが漏れそうで怖い」「どんなものかわからないから不安」「登録したけど面白さがわからない」

利用する、利用しないはご自身が決めることですが、年々お客様の利用人口が増えているSNSですから、**食わず嫌いはやめて一度自身が使ってみて活用に値するか判断したい**ものです。

まずは、サロンとして何のためにSNSを活用するのかを明確にしよう

サロンとしてSNSを利用するのですから、利用する目的を明確にしておかなければやり

がいもありませんし、SNSの利用がサロンのためになっているという判断もできません。

もちろん、サロンのSNS活用の最終目的は「お客様のご来店につながること」ですが、もう少し具体的に考えると、サロンとしてのSNS利用には2つの目的があることがわかります。

1. 既存のお客様（や協力者）をフォローすること

SNSはつながりのツールです。お客様とSNSでつながることで、ご来店いただいていない間のフォローができることはサロンにとって効果的です。

久しぶりにお会いするお客様に「SNSでいつも見ているから、久しぶりという感じがしないわね！」と言っていただければフォローは成功していると言えるでしょう。

2. お客様のお友達にもサロンや自分のことを知っていただくこと

SNSの特徴は「友達の友達に情報が伝わること」です。お客様に対しての情報発信が、お客様のお友達にも伝わるような仕組みになっています。つまり「ご紹介」や「口コミ」が起こりやすい環境なのです。お客様のフォローが、新規のお客様へのアピールにつながるように考えたいものです。

SNSの特徴は「つながり」と「拡散」

SNSを楽しむための5ステップ

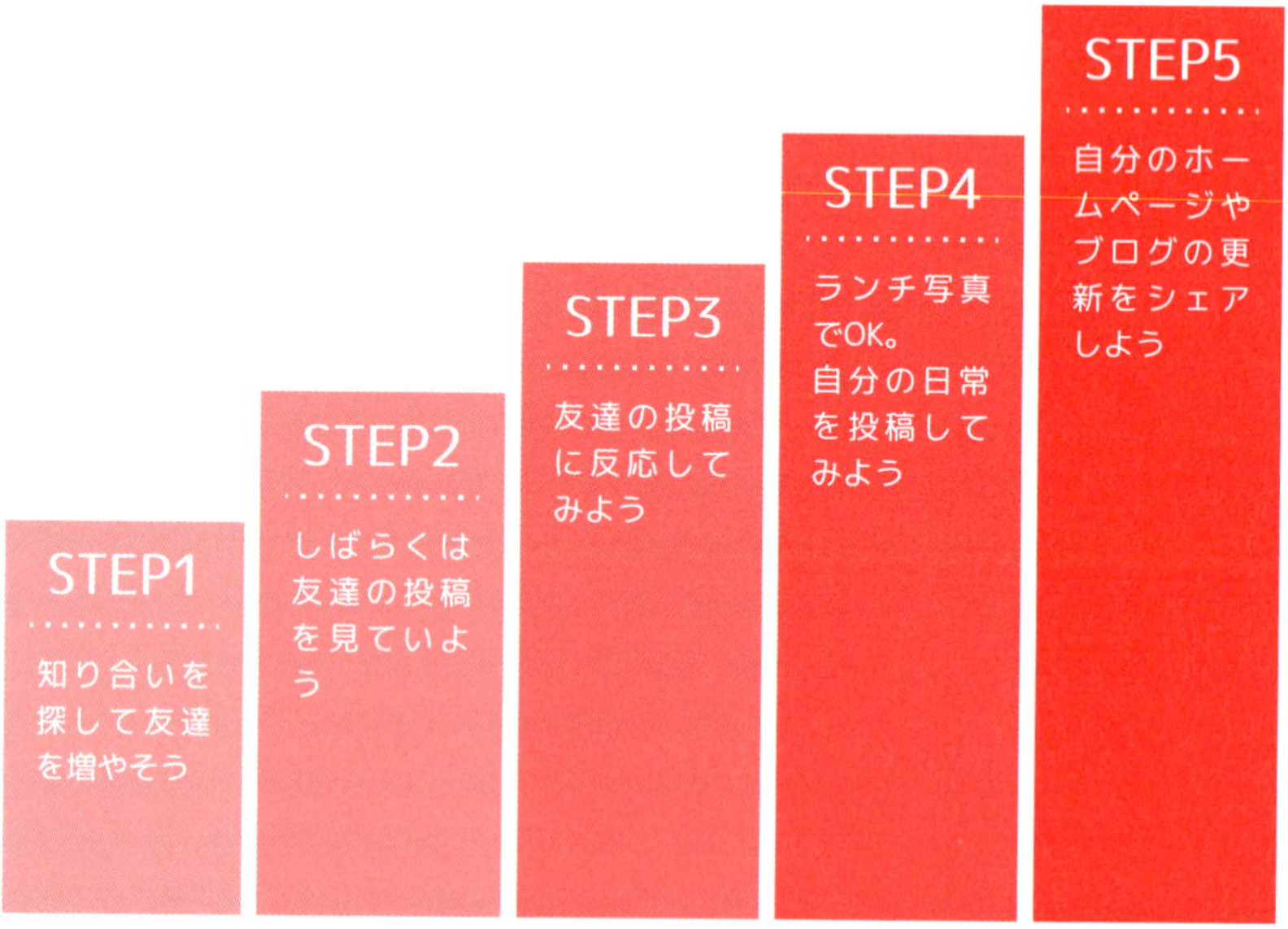
STEP1
知り合いを探して友達を増やそう
STEP2
しばらくは友達の投稿を見ていよう
STEP3
友達の投稿に反応してみよう
STEP4
ランチ写真でOK。自分の日常を投稿してみよう
STEP5
自分のホームページやブログの更新をシェアしよう

SNS 活用が「義務」になっては本末転倒。
まずは自分が楽しめるポイントを見つけて気軽に活用しよう

この２つの目的を意識して、ＳＮＳに少しずつ、楽しみながら参加していけばよいでしょう。

これから始める人のための、ＳＮＳを楽しむための５ステップ

では、具体的に５つのステップに分けて、ＳＮＳで既存のお客様とのやりとりを楽しむ方法から解説しましょう。

ステップ1　知り合いを探して友達を増やそう

まずはＳＮＳの「感じ」をつかむために、お友達を増やしましょう。お客様、セラピストつながりなど自分の良く知った人を検索して50人くらいお友達をつくります。

フェイスブックなどの実名制のＳＮＳの場合は、友達申請する時に必ずメッセージを添えて行うようにしてください。

注意が必要なのは、実際に会ったことのない人をお友達にしないこと。実際にお会いしたことのない人がＳＮＳ友達に多いと、本来の使い方の感じがつかめなくなる上、プライバシーも心配です。

ステップ2　しばらくは友達の投稿を見ていよう

やる気満々でSNSを始めたのですぐにでも何かを投稿したいところですが、まずは様子見をしましょう。

友達はどんな投稿をしているでしょうか。どんなコメントを返しているでしょうか。50人くらいお友達がいると、なんとなく「SNSという場」の雰囲気がわかってくると思います。

ステップ3　友達の投稿に反応してみよう

雰囲気がわかってきたら、友達の投稿に反応してみましょう。

「いいね！」などの気軽な反応からはじめて、徐々にお友達の投稿に対してコメントするなどしてみましょう。「おはようございます！」等の挨拶のみのコメントは不要です。お友達の投稿に関係のあるコメントを返すようにしましょう。

ステップ4　ランチ写真でOK。自分の日常を投稿してみよう

さて、いよいよ自分が投稿する番です。これまでお友達の投稿を見ていて「楽しいな！」と思った投稿を真似てみましょう。

ランチの写真や見た映画の感想などの日常の近況報告でOKです。何度か投稿していく

うちに、「いいね！」やコメントなどの反応があって楽しくなっていくはずです！

ステップ5　自分のホームページやブログの更新をシェアしよう

プライベートな近況報告を基本としながら、たまにはホームページの更新情報やブログの新しい記事を紹介するなど、お店やサロンの情報も「シェア（リンクを知らせる投稿）」しましょう。

しつこすぎると逆効果になってしまうので、自分の近況の投稿とのバランスを考えて行いましょう。

小さなサロンのネット集客ポイント18

ＳＮＳ食わず嫌いも、段階的に試せば楽しめる！

Column

SNSは「リアルの延長」。特別に考えすぎないで

セラピストさんにSNSへの苦手意識を持つ方が多いのは、SNSを「ネット上の特殊な世界」だと思っているからだと思います。

しかし、そもそもSNSは「現実世界でのつながりを便利なインターネット上で拡張しよう！」というコンセプトで広まったものです。言ってしまえばSNSは「リアルの延長」なのです。

特殊な世界だと肩肘はらずに「現実世界での、人とのつながりを助けてくれるもの」くらいにとらえて活用するのが良いでしょう。

6 SNSも恋愛と同じ⁉ 適度な距離感を

サロンにとって、SNSは上手く活用すればお客様のフォローが自然に行えるし、自然に口コミを増やしてくれる便利なメディアです。

しかしながら、暇さえあればSNSをチェックして、何か投稿することがないかと考えたり、友人の投稿に「いいね！」や、コメントする、自分の投稿にコメントが付けばすぐさまコメントを返して……というように頑張って利用していると、知らず知らずのうちにSNSの利用を義務のように感じて疲れてしまう「SNS疲れ」に陥ってしまいます。

SNSも現実社会も同じ。のめり込むと疲れる！

SNSは人と人とのつながりを、インターネット上で補助してくれるツールです。現実世界でもあまりに緊密に人付き合いを行うと疲れてしまうように、SNSにものめりこみすぎると同じように疲れてしまいます。

ましてや現在はスマホの普及によって、いつでも、どこでも簡単にＳＮＳを利用することができるようになったため、意識的に距離をおかないとＳＮＳにどっぷり浸ってしまいやすくなっています。

サロンの集客やフォローに有効なＳＮＳですが、利用に疲れてしまっては本末転倒です。ＳＮＳでの交流を楽しみながら、上手に活用するには「ＳＮＳとの適度な距離感」を意識することが大切なのです。

ＳＮＳ疲れを起こさないための４つのポイント

「ＳＮＳ疲れ」を起こさないため、また、ＳＮＳとの適度な距離感を保つために気をつけたい４つのポイントをご紹介します。

1. ＳＮＳはパーティー会場だと心得る

まずはＳＮＳがどんな場所であるのかという認識をはっきりさせておきましょう。

私はセラピストさんに「ＳＮＳはパーティー会場みたいな場所なんですよ！」とお伝えしています。

SNS疲れを起こさないために

SNSは
パーティ会場
見るだけで
OK
実際にあった人と
つながる
過去を見ず
今だけを見る

「SNS疲れ」に陥らないために、自分の中で一番いい距離感を保とう気心の知れた親友との会話や、仲間内の集まりではなく、いろいろな知人が集まるパーティー会場くらいの場所であるという認識を持って欲しいのです。つまり、SNSではパーティー会場と同じレベルで発言をしていればよいのです。

2. 現実に会った人とだけSNS友達になる

SNSをパーティー会場のようにとらえると、「SNS友達」がパーティー参加者となります。

居心地よいパーティーとはどんなパーティーでしょうか。参加者に知り合いが多く、くつろげる雰囲気のパーティーは居心地がよいでしょう。

SNSでは誰と友達になるかを自分で選ぶことができます。実際会ったことがない、知らない人がたくさんSNS友達にいると、知らない人がたくさん参加しているパーティーのように気を遣う場所になってしまいます（SNSが知らない友達ばかりだと、「おはようございます！　今日も1日元気に頑張りましょう！」みたいな社交辞令しか投稿できなくなってしまいますね）。

3. 気分がのらない時は見るだけの人になる

ＳＮＳ疲れをしているセラピストさんの多くが「投稿するネタがない」「何を投稿したら良いのかわからない」と悩んでいるようです。

ＳＮＳにおいて投稿することは義務ではありません。投稿すべきことが思いつかない場合は投稿しなくてもよいのです。お友達の投稿を眺めて、「いいね！」したりコメントしたりするだけでも充分にＳＮＳに参加して交流できていることになります。

投稿することが義務のようになると、楽しめません。自分を追い込んでしまわないようにしたいものです。

4. 振り返らない！ 今だけを見る

「ＳＮＳのお友達の投稿を追いかけるのが疲れてしまう！」とおっしゃるセラピストさんもおられます。

そんな方におすすめなのが、過去の投稿を振り返らないこと。余裕がない時は、お友達の過去の投稿なんて振りかえらなくてもいいのです。ＳＮＳを見た時に、たまたま画面に表示される投稿に反応しておけばいいのです。

小さなサロンのネット集客ポイント19

「SNS疲れ」に陥らないためには、距離感が大切

Column

あまりにも疲れてしまうのであれば、SNSを止めるという選択肢も

サロンの集客やファンづくりにSNSが有効なことは確かですが、手段であるSNSために気を病んでしまっては本末転倒です。

セラピストさんから、

「SNSを利用することが自分に合わなくて、見るのも辛い」、

「SNS上で気まずいことがあって、疲れた……」

なんて言葉を聞くと心配になってしまいます。

そんな状況になるのであれば、SNSを止めるという選択もあるということを覚えておいてください。SNSはあくまでも「手段」なのです。手段が自分に合わない場合は使わなくてもいいのです。

7 SNSでの濃い発信はモッタイナイ！

長文が投稿できるSNS（フェイスブックやグーグルプラスなど）で、エステサロンであれば「自宅でできるホームケアの方法」や、ヒーリングサロンであれば「定期的に自分の心を見つめる瞑想法」のような具体的でお客様のお役に立つ内容の濃い投稿をしているサロンを見かけます。

一見、これらの投稿はお客様の役に立つとてもよい情報であるし、何も悪いことはないような気もします。しかし、SNS単体でこのような濃い情報発信を行うのは効率が悪く、もったいないことをしてしまっているかもしれないのです。

SNSは「貯まりにくい」メディア

なぜ、SNSで濃い情報発信を行うことがもったいないのでしょうか。それはSNSというメディアの特性を考えれば理解できます。

ＳＮＳでの投稿はつながっているＳＮＳ友達に閲覧されますが、その投稿はその場その場で流れていってしまい「貯まりにくい」のです。

一方、ブログやホームページは更新・追加した情報がどんどん「貯まっていく」メディアです。

インターネット検索した時の結果にブログやホームページが表示されることがありますが、フェイスブックでの投稿が表示されることはほとんどないでしょう（ツイッターでの投稿は検索結果として表示されることがありますが、ご存知の通りツイッターでの情報発信は140文字の短文です。基本的に濃い情報発信には向きません）。

ということは、ＳＮＳで濃い情報発信を行ってもその情報が読まれるのはその時限りで、蓄積された情報が後になって検索されて見つけられる可能性が少ないのです。

濃い情報発信を行うのであれば、情報蓄積による検索が期待できるブログやホームページで行うほうが効率がよいのです。

ＳＮＳでの濃い情報発信は、ブログやホームページとの連携が基本

ＳＮＳでの情報発信を効果的に行うためには、他のメディアとの連携が欠かせません。

サロンが情報発信に活用できる４つの主要メディアの特徴を振り返ってみましょう。

ブログ・ホームページとSNSで発信すべき情報のまとめ

	ホームページ	ブログ	SNS
特徴	**「分身」** 様々な情報を統合するのが得意	**「蓄積」** 情報がどんどん蓄積され検索されやすくなる	**「拡散」** 発信した情報が、つながりを通じて広がりやすい
発信するとよい情報	サロンの想いやメニュー、セラピストなどの濃い情報	プロの視点からの、お客様に役立つ情報	ホームページやブログ、リアルでの情報発信や活動をレポート

情報発信の方法に正解・不正解はありませんが、活用するメディアの特性を考えて、できるだけ効率的な情報発信を心がけましょう

ホームページ　＝　分身「ネット上のもうひとつのサロン」
ブログ　＝　蓄積「お役立ち情報の蓄積場所」
ＳＮＳ　＝　拡散「お客様への情報発信の拡散」
メルマガ　＝　フォロー「お客様を個人的にフォロー」

この特徴を理解した上で、ＳＮＳでの効果的な情報発信を考えると以下の様な連携が一番効率的であることがわかります。

お客様の役に立つ、濃い内容はブログやホームページで

お客様の役に立つ濃い情報は、投稿がその場限りで流れてしまうＳＮＳよりも、ブログやホームページのコラムなどに掲載するほうが効果的。

濃い内容のページが増えると、検索エンジン経由で新規のお客様に見つけていただける可能性が高まりますし、ブログやホームページ全体の検索エンジンからの評価も高まり上位に表示されやすくなります。

SNSではブログやホームページの内容をシェアする

SNSでは、ブログやホームページに掲載したお客様の役に立つ濃い情報のリンクをシェアしましょう。「こんな内容を書きましたよ〜！」という説明を添えて、ブログやホームページで追加したページのアドレス（URL）を貼り付けて投稿します。

こうすれば、SNS友達に対してブログやホームページの更新情報が伝えられるとともに、シェアやRT（リツイート）などによって、友達の友達に情報が伝わるのでブログやホームページへの誘導効果が高まります。

蓄積の必要のない「レポート」はSNS単体でもOK

SNS単体で投稿をしてはいけないというわけではありません。蓄積してもあまり効果がないもの、たとえばイベントの実況中継やご来店頂いたお客様との2ショット……などの「レポート」的な情報であれば、SNSでの発信にぴったりです。

小さなサロンのネット集客ポイント20

SNSは拡散目的に活用するべし！

よっしゃ

Column

今後登場する新しいSNSに対応するには？

本項ではSNS一般としての情報発信について述べましたが、厳密に言えば、SNSでもフェイスブック、グーグルプラス、ミクシィ、リンクドイン……それぞれの特徴には違いがあります。

また、今後新たなSNSメディアが登場し、現在の勢力図が一気に書き換えられる可能性も否定できません。

どんな時でも、自分なりによくメディアの特徴を観察して、自分のサロンがどのような情報発信を行えば効果的なのかを考えて工夫することが大切です。

LINE
Google +
Twitter
mixi
facebook
Instagram

8 パーティ会場（SNS）ではポジティブ発言を

まれにSNS上で、誰かに対する悪口や、自分の気分が落ち込んでいること、身体の不調などの投稿を行っているセラピストさんを目にすることがあります。

セラピストだって人間です。怒りや、憎しみ、悲しみ、苦しみなどの負の感情を持つのが普通です。ましてや身体の不調なんて、当たり前にあるものです。

だからといって、それらのネガティブな内容をSNSに投稿することは、SNS利用においては、効果的とは言いがたい行為なのです。

SNSはパーティー会場

お客様は、ネガティブな記事を投稿するヒーラーに会いたいと思うでしょうか。

SNSはあなたのひとりごとを書き込むための場所でもなければ、親しい友人だけにそっと苦痛を打ち明けるような「閉じた」場所ではありません。

ＳＮＳは「パーティー会場」のような場所なのです。ＳＮＳ友達が３００人いれば、あなたのＳＮＳ上での投稿は、３００人規模のパーティーでのスピーチと同じなのです。３００人を前にして、誰かの悪口を言ったり、悩んでいることを告白したり、身体の不調を訴えませんよね？

逆に３００人の前でそれが言える人は、どんどん発言してもＯＫでしょう。

セラピストとしてのＳＮＳ利用で気をつけたいネガティブ投稿

では、具体的に、セラピストとしてＳＮＳを利用する際に気をつけたい点を考えてみましょう。もちろんこれらの内容は全部がダメ！というわけではなく、セラピストさんのキャラクターとも関係します。自分のキャラクターを分析して、判断してください。

悪口と差別的発言

人を癒やすセラピストとして許されない投稿は、特定の人の悪口や特定の状態にある人を差別するような発言です。

悪口や差別発言などの攻撃的な投稿は、ＳＮＳ友達を不快にさせ、あなたのセラピストとしての信頼を壊すことになるでしょう。ＳＮＳ上で誰かを攻撃することでセラピストとして得られることは何もないと心得ておきましょう。

不安や絶望

セラピスト自身の葛藤をＳＮＳで公開することは、メリットデメリットのある両刃の剣です。

「悩み、苦しみながら前に進んでいるセラピストの姿に共感する」というお客様もおられれば、「こんなに精神的に不安定な人に、自分のメンタルを見せて大丈夫なの？」というお客様もおられるからです。

サロンの情報発信としてのＳＮＳ活用に限っていえば、デメリットが多くあると考えられる場合は、それを避けるのが懸命でしょう。

現在すでにブランドが完成されている一部のセラピストさんであれば、不安や絶望などの投稿で共感を得やすいのですが、これからのセラピストさんが同じことをして共感を得るのは難しいことだと覚えておきましょう。

下品な内容

女性セラピストさんの場合はあまり心配することがないとは思いますが、下品な内容の投稿は避けたほうが無難です。

文字だけで一方的に投稿するSNSでは、本人の意図に反して誤解を受けてしまう可能性が高いと思われます。

身体の不調

意外にも身体の不調を訴える投稿を行うセラピストさんが多いことに驚きます。もちろん不調になるのが悪いと言っているのはありません。不調であることをSNSに投稿することが、セラピストとしてのあなたにどんな影響をあたえるのかということを客観的に考えていただきたいのです。

繰り返しますが、このようなネガティブな感情を持つことが悪いわけではありません。そのことを正直に述べることも悪いことではありません。あくまでも職業上プロとしてSNSを活用する上での禁忌事項だと理解してください。このような発言をお友達同士でこっそり行って、ストレスを発散させることについては賛成です。

小さなサロンのネット集客ポイント21

SNSは「パーティー会場」。場をわきまえた発言が求められる

Column

コメントでもネガティブは避けよう

SNSにおいてネガティブな発言を避けるのは、自分の投稿においてだけではありません。SNS友達の投稿にネガティブなコメントを付けることも避けたほうがよいでしょう。

たとえその投稿に反感を覚えたとしても、パーティー会場のようなSNS上のコメントで反論を行うことは、SNS友達を公衆の面前で侮辱するような行為です。反論があるのであれば、一対一で行ったほうが誤解もありませんし、相手に恥をかかせることもありません。なによりあなたが誰かを攻撃し侮辱している姿があなたのSNS友達に公開されてしまい、あなたの品位を下げてしまいます。SNSがどのような場所なのかを理解して、相手のことを思いやる発言を行うようにしましょう。

セラピスト支援のプロに聞く！

サロンのインターネット活用のポイント③

スクール・カラードロップ代表　荒川《あらかわ》ユウコさん

“情報の見つけにくさって集客にはとても大きな差になると思います。”

セラピストさんって私も含めてパソコンとか大の苦手の人が多いんです。それはもうビックリするくらいに苦手なんですよ(笑)。だから、ホームページを自分で作成するなんて絶対に無理！って思っているんじゃないかな。やる気になって本とか買ってきても、まず言葉の意味がわからないんです。「アップロードって何？」となってしまうんです。

だからといってブログだけじゃ

ですから、セラピストさんには簡単に作成して更新していけるブログが人気ですね。もちろんブログで情報発信するのってとても大切なことです。でも、ブログをホームページ代わりにしちゃっている人が多すぎる。ブログとホームページって、目的が別ですよね。サロンのことをわかりやすく伝える。つまりお客様がサロンのことを知ろうとすると知りたい情報にたどり着けるのって、やっぱりホームページだと思うんです。ブログにもメニューをつけている方がいますけど、更新するたび情報が埋もれていくのでお客様が探すのが難しい。

そのちょっとした「情報の見つけにくさ」って集客にはとっても大変な差になると思うんです。私たちサロン側はたいしたことと思っていなくても、お客様からすると大違いだったりするのです！

プロの意見を聞くことも大切だと思います

セラピストさんには、実際のホームページを作成したり、情報発信したりする場合、プロの意見を聞いてみることをおすすめしています。誰でも自分のことは一番知っている気になっていますけど、本当は自分のことって一番見えにくいもの。また、伝えにくいものです。自分だと「これくらいわかるでしょう」となってしまいますよね。自分のことを他人から見てもわかりやすく伝えるためには「他人の目」であるプロを活用すると目からウロコなことが結構多くありますよ。

上手にプロの助けを借りて、情報発信を頑張りましょうね。

荒川ユウコ

カラードロップ主宰（株式会社カラードロップ代表取締役）
公益社団法人日本アロマ環境協会認定アロマセラピスト
公益社団法人日本アロマ環境協会認定アロマテラピーインストラクター
非営利団体日本メディカルハーブ協会認定ハーバルセラピスト
レイキティーチャー
ル・クール認定ベビー＆チャイルドケアスペシャリスト

自らの健康問題がきっかけでアロマに興味を持ち、ボディケアからメンタルケアにいたるまで様々な分野の技術を学習・習得。
岡山県倉敷で、自らが施術する傍ら、ボディケアからメンタルケアまでも学べるスクール「カラードロップ」を主宰し、後進セラピストのサポートを行っている。
http://colordrop.jp

セラピスト支援のプロに聞く！

サロンのインターネット活用のポイント④

スピリチュアルコーチ　珠帆《たまほ》美汐《みしお》さん

“情報発信に正解はない。
自分が「こんなサロンに行きたい」と思える発信を”

私がセラピストさんやヒーラーさんのインターネット活用を見ていて感じるのは、**「自分がお客様だったらそのサロンに行きたくなる？」**っていう情報発信が多いこと。でも、お客様の立場で自分のサロンのことをアピールするのって、とっても難しいことなんですよね。だからセラピストさんやヒーラーさんには、「自分がお金を払って、自分にぴったりなサロンを探す」という体験をしてみることをおすすめしています。そうするといろいろと見えて来るものがあります。「こんな言い方しちゃう人だとイヤだな」「こんなオドロオドロシイデザインだと行く気がしないな」「プロフィール情報が少ないと怖いな」「申込み方が複雑でよくわからん！」というように（笑）。逆に、「この書き方いいなあ」「こういうデザインなら行きたくなるね」「この人に会ってみたい！と思わせるプロフィールだな」と参考になるポイントもわかります。そして気に入ったサロンに実際に行ってお金を払ってみてください。きっと払ったお金以上の学びが得られるはずです。（もちろんセラピーも受けられるわけですし！）

SNSでも他のセラピストさんやヒーラーさんを観察しよう

フェイスブックやツイッターなどのSNSでも同じです。自分がお客様の目線で他のセラピストさんやヒーラーさんの投稿を観察するんです。「なんだか説教臭い投稿ばかりで嫌だな」「ブログの更新情報だけで商売っぽさが前面に出過ぎ」とか。投稿を観察していると何か感じるものがあるはずです。

この感じた基準で自分も情報発信すると、あなたのことを「良い感じ」だと思ってくれるお客様が反応してくれるようになるでしょう。

きっと、情報発信に正解なんかないんでしょうね。「自分がお客様だったらこんなサロンに行きたい！」と思える情報を発信することが大切だと思うんです。

そうすれば、そのサロンさんに惹かれるお客様に情報が届きますから。結果的に「お互いがこんな人を探していた！」という最高の関係になれるんだと思います。

珠帆 美汐

スピリチュアルコーチ
パーソナルコーチ／タロット占い師

兵庫県姫路市生まれ。早稲田大学　第一文学部　東洋哲学科卒。

1993年生まれと2000年生まれと2007年生まれの、年の離れた三人きょうだいの母。

コーチングやセラピーと出会ったことで、幼少時からのキツイ対人恐怖症や自己否定、人間不信にまみれた真っ暗な人生から抜け出す。

その体験から、「注目と共感と信頼が得られれば、ひとは本来の自分の輝きを発揮し始めるもの」と知る。

「あなたはあなたのままでいい」を伝え、注目と共感と信頼で人を本来の姿へと導くことを使命と考えるパーソナルコーチでありタロット占い師。

現在は、北海道を中心にセラピストやヒーラーなどのライトワーカーの支援も精力的に行っている。

http://sprtcoach.com

第3章

「売り込まない」ネット集客のための下ごしらえ

インターネット活用の知識やテクニックをいくら身につけても、発信するべきサロンの「内容」がありきたりであれば集客することは難しいでしょう。さまざまなインターネットメディアを活用する前に、サロン経営のブレない軸＝サロンコンセプトを明確にしておくことが必要です。この章では、サロンのブレない「軸」をつくる、ネット活用前の「下ごしらえ」のチェックとヒントをお伝えします。

1 お宝発掘でサロンのウリを明確に！

ホームページやブログ、フェイスブックやツイッター、メールマガジンなど。サロンが集客に活用できるインターネットメディアはたくさんあります。

また、これらのインターネットメディアを活用するさまざまなテクニックも世の中にあふれています。

しかし、これらのメディアはあくまでもサロンのウリをお客様に伝えるための手段にすぎません。伝えるべきサロンのウリが明確でないまま、小手先のテクニックを使いこれらの手段を利用してもお客様の心を動かすことはないでしょう。

サロンのインターネット集客失敗の原因の9割は「下ごしらえ不足」

さまざまなインターネットメディアの活用の前に、**あなたのサロンのウリを明確にするという「下ごしらえ」が必要**です。

多くのサロンがホームページを作成したり、ブログを更新したり、SNSを活用したりと、さまざまなインターネット集客に取り組んでいますがなかなか思うような効果を上げられていません。**私は、その失敗の原因の9割がこの「下ごしらえ不足」**だと感じています。

この本の一章から二章で取り上げたようなさまざまな「間違い」を修正するテクニックをたくさん覚えても、自分のサロンのウリは何なのかという「下ごしらえ」がきちんとできていなければ、お客様にサロンの良さをアピールすることはできないのです。

サロンのウリを明確にするための5つのステップ

小さなサロンが、オンリーワンのウリを明確にして、ネットを活用してお客様にアピールしていくには、以下のようなステップで「下ごしらえ」を行うことが大切です。

(※この章で紹介している、サロンの情報発信のための下ごしらえを行うのための「下ごしらえドリル」のダウンロードが可能です。http://riumsmile.jp/webform_18.html もしくは「下ごしらえドリル」で検索)

サロンのウリを明確にするための4つのステップ

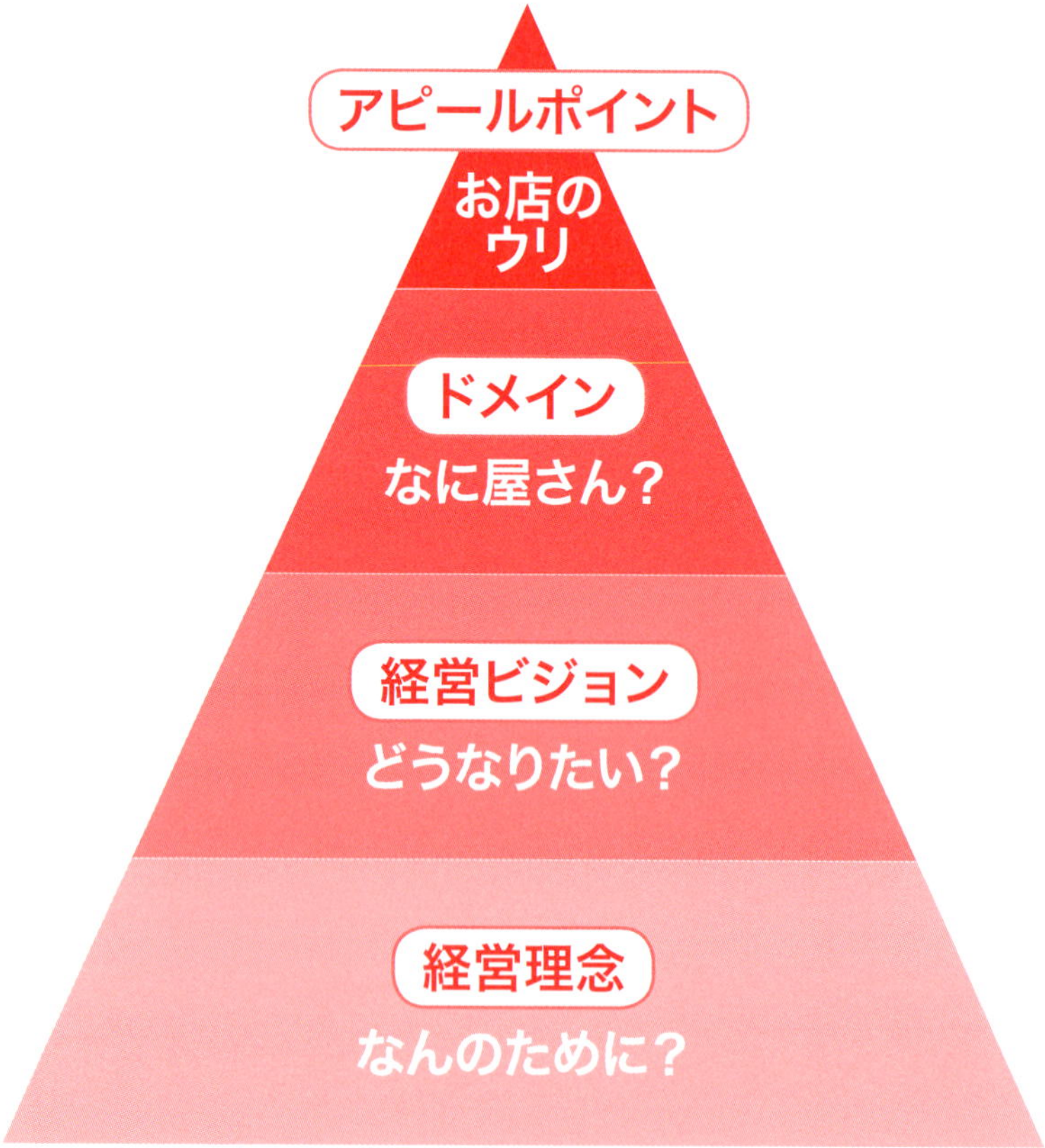
アピールポイント
お店のウリ
ドメイン
なに屋さん？
経営ビジョン
どうなりたい？
経営理念
なんのために？

「何のためにサロンを経営しているのか？」がすべての出発点！

ステップ1　なんのためにサロンを経営しているのか？「経営理念」

まずはサロンを経営している「目的」を明確にしましょう。集客することが目的ではありませんよね。お金を儲けることが目的ではありませんよね。そもそも、何のためにサロンを経営しているのでしょうか。まずこの**経営目的＝経営理念**をはっきりと言葉にしてみましょう。目指していくべき究極の姿が描けていなければ、他のサロンと差別化できる「ウリ」を見つけることは難しくなります。

ステップ2　5年後どんなサロンになりたいのか「経営ビジョン」

「サロンの究極の目標＝経営目的」である経営理念が明確になれば、次は、その経営理念を目指して歩んでいけば、どのような姿になるのかという「像」を描くことが大切です。これは経営学などでいわれている「経営ビジョン」ですね。経営理念を追求していけば、5年後どのようなサロンにしたいのかを明確にしましょう。

ステップ3　何屋さんなのかをはっきりさせる「ドメイン」

5年後の像がはっきりとしたら、その像を目指すべき今を棚卸ししてみましょう。**サロンが対象とするお客様はどんな方でしょうか。ライバルのサロンにはない、自分のサロンの**

「強み」はどんなところでしょうか。お客様から見たサロンの価値とはどんなものでしょうか。理念に基づいてビジョンを達成する方向で自分のサロンの現在を総チェックしてみます。

ステップ4 サロンのウリを発見する「アピールポイント分析」

サロンが対象とするお客様と、サロンの強みが明確になれば、インターネットを活用して何をアピールすべきなのかが見えてきます。**お客様の悩みの解決や願望の達成を、あなたのサロンだけがもつ強みで行えるポイントを探しましょう。このポイントがいわゆる「ウリ」です。**ウリが明確になれば**サロンのオリジナルメニューを開発したり、インターネットを通じてアピールするブランドコンセプトが明確に**なったりします。

小さなサロンのネット集客ポイント22

インターネットは、集客ための手段。伝えるべきサロンのウリが明確でなければ意味がない！

Column

軸がブレることが悩みのセラピストさんは、立ち止まってウリを明確にしてみよう

「自分のサロンのウリがわからない」「何をやりたいのか決まらない」のように、自分の軸が定まらない悩みを持つセラピストさんは、すべての集客活動をいったんストップして、1日〜3日くらいじっくりと、自分の棚卸しをする時間を意図的に作ることをおすすめします。

これまで目をそむけてきた自分の本心と向き合い、本当に進むべき道が見えてくると、お客様に対して発信するメッセージが定まってきます。

2

「なんのためにサロンを経営しているのか？」がズバリ経営理念！

インターネットを通じてアピールする「サロンのウリ」を考える時、「本当はこのサービスを提供したいけど、こっちのほうがウケそうね」や「こんなマニアックなサロンじゃお客様は来てくれないよね」など「売れるかどうか」を基準に考えてしまいがちです。

お客様を意識してサロンのウリを考えることは大切なことですが、それだけでは「お客様に買ってもらうこと＝お金を儲けること」がサロンを経営している目的になってしまいます。

お金は目的ではなくサロンを続けていくための「燃料」

お金を儲けるためことだけを目的にサロンを経営すると、儲かることにはなんでも手を出してしまい方向性がブレ、お客様に伝えなければならないウリがなくなり、結果として儲かりにくくなります。

もちろん、サロン経営を続けてお客様を喜ばせ続けるためには儲けが必要です。いうなれば、儲けはサロンを続けていくために必要な「燃料」のようなものです。

「燃料」を得るためにサロンを経営するのではなく、「なりたいサロンの究極の理想像」を実現するために「燃料」を使うのです。ここを勘違いしてはいけません。

小さなサロンがお客様に選ばれるためには、「こだわり」や「想い」から生み出された「何か」で勝負することになります（大手の場合は「お金で得た何か」で勝負できますが）。

そのこだわりや想いの出発点が経営理念、つまり「なんのためにサロンを経営しているのか？＝サロンの究極の目標」なのです。

経営理念を考える3つのステップ

経営理念を表現する形式にはさまざまなものがありますが、皆さんにおすすめなのが**「すべては◯◯◯のために」という一文で表す形式**です。「セラピストの学校」（http://relax-d.com）の谷口校長が、ご自身の生徒さんにすすめている形式です。

非常にシンプルですがサロンの経営目的をズバリと一言で表すことのできるすぐれた形式です。まずはこの「すべては◯◯◯のために」という形式に、サロンの経営理念をまとめて

「なんのために？」経営理念をまとめる

<下ごしらえドリル 記入例>

まずは、世の中に自分のサロンが必要な理由を書き出す

あなたのお店が世の中に必要な理由	お店の商品・サービスが世の中に必要な理由	大切にしている想いや価値観
いろいろなことで疲れている大人の女性が、本当にホッとできる場所がないから	現代社会の中でわすれた「自然のリズム」を取り戻すため。心身両面の癒やし	人も自然の一部 本来は人間は健康なもの。それを自ら害している。忘れている

そして、自分が大切にしている価値観を書き出す

すべては（自然な自分を取り戻して輝ける）ために

なんのためにお店をやっているのかを説明してみましょう

文明の発達は便利だけど、人間は自然のリズムを忘れてしまっている調子を崩している人が多い。アロマの持つ自然の力で、自分を取り戻していただけたら、誰でももっと輝ける！

世の中から必要とされる理由と、自分の価値観を組み合わせてサロンの経営目的を一言で表してみよう。そのことを説明する文章も考えてみよう。

みましょう。

ステップ1　「あなたのサロンが世の中に必要な理由」を考える

「生活のため」「お金のため」のような自分の理由ではなく、あなたのサロンが世の中において必要な理由＝存在意義を考えてみましょう。お客様がお越しいただけるということは、あなたのサロンが世の中に必要だからです。その理由を書き出してみましょう。あなたが自覚しているサロンの存在意義は、あなたのサロンの経営目的に関係してる可能性が高いです。

ステップ2　サロンが提供している商品・サービスが世の中に必要な理由

あなたが提供しているメニューや商品の存在意義は何でしょうか。たとえばアロマトリートメントを提供しているサロンであれば「アロマトリートメントが世の中に必要な理由」を考えてみましょう。つまり「（あなたにとって）アロマトリートメントとは何か？」という質問になります。

ステップ3「大切にしている想いや価値観」

サロンオーナーである、自分自身のポリシーを書き出してみましょう。サロンの経営目的にはあなたの「こだわり＝人生観」が反映されているはずです。あなたが生きていく上で大切にしている想いや価値観を棚卸ししてみてください。

経営理念というとむずかしく考えてしまいそうですが、つまりはサロンを経営している（究極の）目的のことです。サロンオーナーであるあなたがしっくりくれば、誰にも文句は言えないものですから、自分自身が納得できるように、じっくり考えてみてください。

小さなサロンのネット集客ポイント23

サロン経営の究極の理想像＝経営理念を出発点にしよう。

Column

いろいろな会社の経営理念を見てみよう！

いろいろな会社が経営理念をホームページなどで公開しています。自分が好きな企業の経営理念を調べて参考にするのもよいことです。

以下に有名な会社の経営理念をあげておきます。

「人々の心を豊かで活力あるものにするために　ひとりのお客様、一杯のコーヒー、そしてひとつのコミュニティから（スターバックスコーヒー）」

「自由でみずみずしい発想を原動力に　すばらしい夢と感動　ひととしての喜び　そしてやすらぎを提供します（オリエンタルランド　ディズニーランド・ディズニーシー運営会社）」

「リッツ・カールトンはお客様への心のこもったおもてなしと快適さを提供することをもっとも大切な使命とこころえています。（略）（リッツ・カールトン）」

3 どうなりたいのかを目指して集客していない

高い理想やサロンが目指す究極の理想像（＝経営理念）はあるのに、現実の行動は理想への道とは程遠く、毎日の仕事に追われてしまっている。これではせっかく形にした経営理念が「絵に描いた餅」です。なぜこんなことが起こるのでしょう。

そもそも、理想や経営理念というものはサロンが目指す究極の目標です。「究極」ですから、表現はどうしても曖昧になります。経営理念は具体的に表現しにくいのです（逆に具体的すぎると、究極の目標とはいえなくなりますね）。

そのため、日々の具体的な活動とつながりにくくなってしまうのです。

理念に向かって進めばどんな未来になる？

経営理念を「絵に書いた餅」にしないためには、**経営理念を具体的な像＝ビジョン**に落としこむことが大切です。究極の理想像である、経営理念の実現に向かって進めばこんなサロンができ上がっているという具体的な未来のビジョンがあれば、そのビジョンの実現に向かって具体的な行動がとりやすくなります。

一流のスポーツ選手、たとえば野球のイチロー選手やサッカーの本田圭佑選手の小学校の卒業文集を読んだことがあるでしょうか。読んだことがない方はインターネットで検索してみてください。小学校6年にして、明確な将来のビジョンを描いていることにびっくりされると思います。

一般人の私たちからすれば、スポーツに関して天賦の才能を与えられたように思える天才選手も、明確にビジョンを描きその実現に向かって努力することで現在の地位を築いていることに感動を覚えます。

サロン経営も同じです。理念の実現に向かって進む具体的なビジョンを描いて、そこから逆算して「今何をするのか」を考える。そうすれば、描いたビジョンそのものにはたどりつけなくても、その像に少しでも近づくことができるはずです。

サロンのビジョンを描くコツは具体的に妄想すること

ビジョンを描くコツは、5年ほど先のサロンの姿を具体的に妄想することです。目をつぶ

サロンのビジョンは3つのパートからつくる

<下ごしらえドリル 記入例>

5年後…… 2000 年〇月〇日にはどんなお店が見えますか？		
どんな環境で？ （場所やスタッフ）	誰に？ （どんなお客様に）	どんなものを提供している？（付加価値含む）
〇〇駅から5分の高級マンションを借りて、サロン専用に！ 教室の生徒さんが一人手伝ってくれて2ベッド体制に	〇〇市の忙しい大人の女性。 ちょっと高級なサロンに気軽に来れる感じ	アロマトリートメント （フェイシャル・ボディ） メンタルケアメニュー レイキなど。 お料理含めた講習会

5年後を妄想して、明るく楽しいワクワクするビジョンを描いてみましょう！

ると将来のサロンの姿が頭の中で明確に見えるくらいに妄想しましょう！

次の3つの切り口で妄想すれば、モレのないビジョンになります。5年後なんてどうなっているかわかりません！　明るく楽しいビジョンを描きましょう。

どんな環境で

5年後サロンはどんな場所になっているでしょうか。現在の場所からもっと素敵な場所に移転しているかもしれません。2店舗、3店舗と支店が出ているかもしれません。そこはどんな場所でしょう？　具体的な所在地は？　どんな内装？　施術する部屋は？　レストルームは？　窓から見える風景は？　など具体的に想像してみてください。時間があれば自分の理想に近いサロンなどを見学に行き、妄想をたくましくすることもおすすめです。

どんなお客様に

描いた5年後のサロンにお越しいただいているのは、どんなお客様でしょうか。現在のお客様と同じ？　それとも少し違う層のお客様がお越しになるのでしょうか。「こんなお客様ばかりだとうれしいな」と思えるような理想的なお客様の姿を思い浮かべてみましょう。

何を提供しているか

提供しているメニューはどうなっているでしょうか。セラピーの技術が上がって、もっと上質なサービスが提供できるようになっているかもしれませんし、新たなセラピーがメニューが追加されているかもしれません。後進の指導のためにスクールを始めているかもしれません。

小さなサロンのネット集客ポイント24

サロンが目指すべき「ビジョン」がなければ集客の方向性が見えない！

Column

「5年後」のビジョンは良い感じの距離感

　私がサロンをコンサルティングする際には、セラピストさんに5年後のサロンの姿を描いていただくようにお伝えしています。その際「なぜ5年後なのですか？3年後じゃだめですか？」や「10年後じゃだめですか？」というご質問を受けることがあります。

　ビジョンとは将来像のことですから、絶対5年後である必要はないのですが、あまりに近い未来だと今を引きずった夢のないビジョンになってしまいがちですし、あまりに遠い未来だと現実性が薄すぎるビジョンになりがちなのです。

　「5年後」は適度に現実的で、適度に空想的な良い感じの距離感の未来なのです。

下ごしらえ編

4 思い切って〝ターゲットをひとりに絞ってみる〟

「私のサロンのターゲットは、20代後半から50代前半くらいかな?」なんておっしゃるセラピストさんがおられます。お金を自分で出すことのできる人類の4分の1を占めるようなターゲットをもつサロンとはどんな大企業でしょうか!

アツい想いがあり特徴のあるメニューを提供しているのに、集客に失敗しているサロンが多いのは、幅広い人々に対してアピールしようとしてウリがぼやけてしまっていることが原因であることが多いのです。

老いも若きも、男も女も……と「すべての人間」を相手にアピールすると、逆にすべての人にとって「自分ごと」にならずメッセージが届かないのです。

一度ターゲットの「ど真ん中」を一人に絞ってみる

そこで、小さなサロンを開業しているセラピストさんにおすすめしているのが**「一度ター**

ゲットを一人に絞ってみる」ことです。

ターゲットを一人に絞ると聞くと「そんなに絞るとお客様が来なくなるんじゃ……」と不安になりますが大丈夫です。

「一人に絞る」といっても、**これから集客のためにサロンのウリを伝える「ど真ん中」を明確にしましょう**という意味です。

まず、**たった一人の理想的なお客様を想定して、そのお客様に響くようにメッセージを発信していけば、サロンのウリが明確になり、結果として「ど真ん中」以外のお客様を集めることもできるようになる**のです。

理想のお客様像「ペルソナさん」をつくろう

理想のお客様像をマーケティング用語で「ペルソナ」とよびます。このペルソナさんを頭の中で動き出すくらい明確に描くことができれば、集客の半分は成功したようなもの。じっくり妄想しましょう!

理想のお客様像
（ペルソナさんを描いてサロンのメッセージを明確にしよう）

＜下ごしらえドリル記入例＞

ペルソナさん

名前
レイコさん

イラスト

大切にしている価値観
わたしも大切
あなたも大切
がんばりすぎないこと
自然派

プロフィール
・性別　女性
・年齢　38歳
・住所　〇〇市〇〇町
・家の形態
分譲マンション
・職業
大きな会社の総合職
・家族構成
独身・彼氏はいる
（パートナー的な）
実家からは最近「結婚」について言われなくなってきた・・・

何を見ている？聞いてる？
断捨離とか生活改善の本
仕事のスキルの勉強
自然食などの本

どこにいけば会える？
ヨガ教室　ジム
料理教室などの習い事
ボランティアとかも

お客様目線に立ったサロンになるためには、お客様がどんな方なのかを明確にしておかなければ不可能ですよ！

まずはプロフィールを描いてみましょう

性別

お客様を一人に絞るとしたら、その方は男性でしょうか女性でしょうか？

年齢

「30代」というような漠然とさせないで「36歳」のように具体的な年齢を考えてみましょう。(30代といっても30歳と39歳ではかなり違った生活環境でしょうからね)

住所

住んでいる市や町はどこでしょうか。同じ地方や市の中でも住んでいる地域によって生活や気質に違いがあるものです。

家の形態

賃貸か持ち家か、一戸建てかマンションかによって生活スタイルは異なりますね。

職業

正社員か、パートか、派遣社員か、主婦かによって使えるお金なども変わってきます。

家族構成

結婚しているのか、子どもがいるのか、一人暮らしか、親と同居かなどの家族構成によっても生活スタイルは変わります。

ペルソナさんが大切にしている価値観とは？

ペルソナさんとはどんな考え方をする人間なのでしょうか。大事にしている信念などを考えてみましょう。

何を見ている・聞いている？

どんなものを見ているでしょう？（テレビ番組・雑誌など）、誰の言うことを聞いているでしょうか（ママ友？憧れのモデル？）

どこに行けば会える？

ペルソナさんが集まっている場所は？　どこに行けばペルソナさんと会うことができるでしょうか。

名前をつけよう

ペルソナさんの像が固まってきたら、名前をつけてあげましょう。（今後はその名前でペルソナさんを呼んであげてくださいね）

イラストを描いてみよう

ペルソナさんのことを具体的にイメージできるようにイラストを描いて仕上げです。

ペルソナさんづくりのヒント

セラピストさんがセラピーをはじめたきっかけは「自分を癒すため」であることが多いようです。このようなきっかけを持つセラピストさんにとってのペルソナさんは「かつての辛かった自分」かもしれません。辛かった時期の自分の状態を思い出してペルソナさんを描くとよいかもしれませんよ。

小さなサロンのネット集客ポイント25

「お客様目線」に立つためには、一度お客様をひとりに絞ってみる！

Column

お客様を一人に絞りこまないと、「お客様目線」には立てない

近年「お客様目線」という言葉をよく聞くようになりました。何事もお客様の立場・目線に立って考えるというのは良いことですが、「お客様目線」をうたっておきながら、その目線に立つべきお客様の定義があいまいなお店が多いことが気になります。

お客様の目線に立つためには、お客様を一人にしぼること、つまりペルソナさんを描くことが絶対に必要なのです。「20代後半から50代前半の女性」の目線なんて想像できるはずありません。

ペルソナさんを描いていないお店の「お客様目線」はありえないのです。

5 自分のサロンの「強み」と「価値」って何だと思いますか？

セラピストさんにサロンの「強み」や、サロンが提供している「価値」について質問すると、「私のサロンの強みは、こんな技術を提供していること」、「私のサロンが提供している価値はベテランセラピストのセラピー」のような答えが返ってくることがあります。

その「強み」って本当に強みでしょうか。
その「価値」って本当の価値でしょうか。

お客様にサロンにお越しいただくためには、サロンの特徴をアピールしなければなりません。

その特徴の中身がサロンの「強み」とサロンが提供できる「価値」なのですが、この「強み」と「価値」の言葉の意味を理解できていないセラピストさんが多いのです。

言葉の理解があいまいだと、導き出される答えもあいまいになってしまい、お客様に届きにくくなってしまいます。

「強み」と「価値」の本当の意味とは？

では、サロンの特徴の中身である「強み」と「価値」の言葉の意味を定義しましょう。

「強み」とは「ライバルサロンとくらべて強いところ」
「価値」とは「お客様が得られるメリット」

こう書くととても当たり前のように見えますが、はたしてこれまでこの意味でサロンの「強み」と「価値」を考えていたでしょうか。

どこのサロンでも当たり前にやっていることは「強み」ではありません。サロンが得意なことはお客様が得られる「価値」ではありません。

この2つの言葉の本当の意味を理解しないままサロンをアピールしようとしても、ライバル店と比べて魅力のない、お客様が得られるメリットも伝わらない、単なるサロンの説明になってしまうのです。

下ごしらえ編

「強み」と「価値」がはっきりすると、サロンのコンセプトも明確に！

＜下ごしらえドリル記入例＞

お店目線の「強み」

提供サービスの強み
整体院仕込みの手技
質の高い精油を使用
アロマブレンドの知識・食生活までフォロー

提供する人の強み
35歳まで商社で培ったキャリア経験
整体院仕込みの手技
食の知識

価格面の強み
普通のサロンよりもちょっと高め

提供方法の強み
早朝・深夜受付
デイタイムは1日
2名様までのプライベートサロン

ペルソナさん

名前
レイコさん

イラスト

大切にしている価値観
わたしも大切
あなたも大切
がんばりすぎないこと
自然派

プロフィール
・性別　女性
・年齢　38歳
・住所　〇〇市〇〇町
・家の形態
分譲マンション

・職業
大きな会社の総合職
・家族構成
独身・彼氏はいる
パートナー的な
実家からは最近「結婚」について言われなくなってきた・・・

何を見ている？聞いてる？
断捨離とか生活改善の本
仕事のスキルの勉強
自然食などの本

どこにいけば会える？
ヨガ教室　ジム
料理教室などの習い事
ボランティアとかも

お客様目線の「価値」

得られる価値
心身のリラックス
「やってもらった」感のある施術

人のどこに共感する？
仕事の悩みとかも相談できる
手技の力強さ

いくらなら払う？
月1万円くらい？

どんな利便性がある？
勝負！という時にサロンに来れる！
自分だけで贅沢できる！

棚卸しした「強み」をお客様の目で見れば、サロンの価値が見えてくる！

本当の「強み」と「価値」を発見する方法

言葉の意味がわかったら、あらためて自分のサロンの「強み」と「価値」について考えてみましょう。

「強み」を考える

強みとはライバルサロンとくらべて優れているところ、でしたね。以下の4つの切り口でサロンの強みを書き出してみましょう

提供しているメニューや商品の強み

提供しているメニューや、使用している素材（化粧品）、商品などでライバルサロンよりも優れているところはどんなところでしょうか？

セラピストの強み

どんな想いで？　どんな経験を持った人間が？　どんな技術を持った人間が？　サービスを提供していることが強みでしょうか。

価格面の強み

ライバルサロンと比べて高級志向でしょうか。それとも、リーズナブルな価格設定でしょうか。

提供方法の強み

サロンの立地や内装の強みや、営業時間や曜日の工夫、おもてなしやアフターサービスの強みはなんでしょうか。

「強み」をお客様の目で見ると「価値」になる

「価値」とは、お客様があなたのサロンで得られることです。つまりサロンの「強み」をお客様目線でとらえたものだといえます。

描いたペルソナさん目線で、サロンの強みを見てみましょう。

提供しているメニューや商品の強み→得られる価値

ペルソナさんはメニューや商品でどんなメリットや満足感を得られるでしょうか。

セラピストの強み→セラピストのどこに共感する？

セラピストに共感するポイントはどこでしょうか。その人の想い？　経験・技術への信頼？

価格面の強み→いくらなら払う？

ペルソナさんにとってのサロンに通う優先度は高い？　低い？　いくらなら払う？　どんな頻度で通える？

提供方法の強み→どんな利便性がある？

セラピーの提供方法の工夫により、ペルソナさんにはどんなメリットがうまれるでしょうか。

小さなサロンのネット集客ポイント26

その強みって本当に強み？　その価値って本当の価値？

Column

あいまいな強みは「見える化」で本当の強みに！

「強み」を厳密に考えると、具体的に出せるものが少ないことに気づくことがあります。たとえば「丁寧に施術している」のが「強み」としてしまうと、どこのサロンでも（建前上は）丁寧に施術しているのが当たり前ですので、強みとは言えなくなってしまいます。

事実としてライバルサロンよりも丁寧に施術しているのであれば、その丁寧さを具体的に表現してお客様に伝わりやすくする工夫が必要です。単に「丁寧に施術している」という表現ではなく、「8箇所の筋肉の一つひとつを、時間をかけてほぐしています」など具体的に表現するのです。

このようにあいまいな「強み」は、具体的に見えるものに置き換えて表現すると格段に伝わりやすくなります。

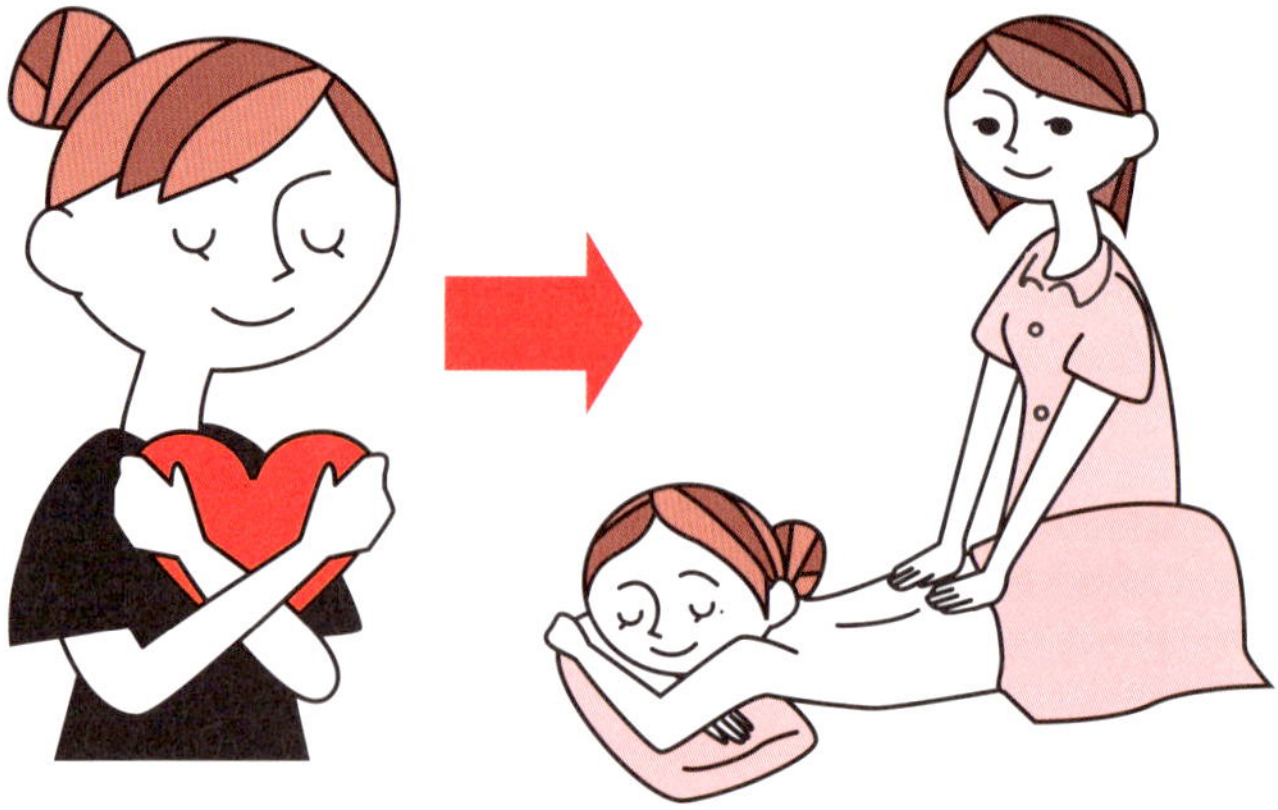

コンサルタントは見た！　セラピスト集客あるある4コマ⑦

「儲けたくないんです？」

わたし
本気でサロンやりたいんです！
でも、儲けたくないんです
悩んでいる人を助けたいそれだけなんで
あーいいですね
こっちのターゲットの方がお金持ってそうですよね
でね〜
うんうん
儲けたいのか儲けたくないのかはっきりせい！

6 「悩み解決」×「サロンの強み」＝ウリ！

提供しているセラピーの特殊性や効果、工夫されたサロン空間、セラピストの経歴や技術力などの強みをホームページやブログ・SNSなどで一生懸命強みをアピールしようとしているサロンをよく見かけます。

これは間違いではないのですが、お客様の立場に立っているとはいえません。他のサロンよりも**強いところ＝ウリではない**のです。

お客様は何のためにサロンを訪れるのでしょうか？

「美しくなりたい」
「肩こりから解放されたい」
「忙しい毎日で疲れた心を癒やされたい」
「自分だけの時間がほしい」
「パートナーとの問題を解決したい」

などの願望を実現したり、問題を解決したりするためにサロンを訪れるのです。

メニューやサロン空間などのサービスは、あくまでもこのための手段に過ぎません。ですから、ただサロンの強みをアピールしてもお客様には届きにくいのです。

悩みの解決（願望の実現）とサロンの強みの交差点にウリはある！

ウリとは、単なるサロンの強みではなく、お客様の悩みを解決できる（願望を実現できる）強みのことです。

お客様の悩みを、自分のサロンだけがもっている強みで解決できるのですから、ここをアピールすればお客様に届かないはずはない！というポイント、これこそが「ウリ」とよばれるものの正体なのです。

自分のサロンのウリをセラピストさんがわかっていないまま集客活動を行っても、お客様に届くアピールになるのは難しいでしょう。

ペルソナさんの悩みと自分のサロンの強みをクロス分析する

なんとなく漠然と「お客様の悩み（実現したい願望）」と「サロンの強み」を組み合わせ

悩みと強みの交差点にウリがある！

＜下ごしらえドリル記入例＞

<table>
<tr><th colspan="2"></th><th colspan="4">お客様の悩み・願望</th></tr>
<tr><td colspan="2"></td><td>A
眼精疲労
肩こり</td><td>B
冷え性</td><td>C
PMS</td><td>D
肌荒れ</td></tr>
<tr><td rowspan="5">お店の強み</td><td>1
整体院
仕込みの
ガッツリ施術</td><td>A1
背骨の歪みから
のアプローチ</td><td>B1
下半身のゆがみ
へのアプローチ</td><td>C1
整体院仕込み
のガッツリ施術</td><td>D1
整体院仕込み
のガッツリ施術</td></tr>
<tr><td>2
高級精油
ブレンド
知識</td><td>A2
目によい○○と
○○を中心に
ブレンド</td><td>B2
体を温める○○
と○○を中心に
ブレンド</td><td>C2
ホルモンバラン
スを整える○○と
○○を中心に
ブレンド</td><td>D2
胃腸を整える
○○と○○を
中心にブレンド</td></tr>
<tr><td>3
食生活
アドバイス</td><td>A3
目に良い食品な
どのアドバイス</td><td>B3
体を温める食品
などのアドバイス</td><td>C3
ホルモンバラン
スを整える食品
などのアドバイス</td><td>D3
胃腸によい
食品などの
アドバイス</td></tr>
<tr><td>4
プライベート
空間</td><td colspan="4">A4 B4 C4 D4
← ゆったりできるからなんでも聞ける、
日常から解放される →</td></tr>
<tr><td>5
早朝
深夜受付</td><td colspan="4">A5 B5 C5 D5
← 本当に必要な時に
施術が受けられる →</td></tr>
</table>

お客様が悩んでいることを、サロンならではの強みで解消するポイントこそ、
お客様に伝えるべき「ウリ」。

るとモレがあるかもしれません。お客様にピンポイントでアピールできるウリですからモレなく把握したいところです。

こんな時は機械的に「お客様の悩み（実現したい願望）」と「サロンの強み」をかけあわせるクロス分析という手法がおすすめです。

まずはペルソナさんの悩みベスト5を考えてみよう

先ほど検討したサロンのターゲットのど真ん中、たった一人の理想のお客様像である「ペルソナさん」の悩みベスト5を考えてみましょう。

ペルソナさんの生活を想像して、どんなことに悩んでいるのか、どんな願望があるのかを列挙してベスト5を決めてください。

実際のアンケート結果などを参考にしてもよいですが、ペルソナさんが口には出せない潜在的な悩みや願望があるかもしれません。アンケート結果などは参考程度に考えるほうが良いでしょう。

サロンの強みベスト5を書き出してみよう

続いて、サロンの強みの中のベスト5を書き出してみましょう。こちらは、お客様にご意見を求めると自分では見えていなかった強みなどが発見できることが多いのでアンケートの実施はおすすめです。

悩みと強みの交差点について全て考えてみる

悩みと強みがクロスする部分、交差点についてすべて検討します。検討のコツはあまり、「できる・できない」にとらわれないで「この悩みをこの強みで解決すると、どんなことができるか？」という可能性で考えること。すでにアピールしているウリが出てくることもあるし、実現できそうもない夢の様な案が考えだされることもあります。

すべて交差点にある可能性を考えていくと、その中で今まではまったく考えたこともなかったウリが発見できることがあります。

小さなサロンのネット集客ポイント27

お客様の悩みを解決するサロンの強みが「ウリ」の正体

Column

現在サロンに無いウリは作ってしまえばOK！

本項でご紹介した分析方法は、あくまでウリの「可能性」を発見するためのものです。お客様のもっている願望を実現したり悩みを解決したりするために、サロンの強みをどのように使うのかという切り口で可能性を検討するのです。

ですから、現在サロンで行っていない内容が導き出されることも多くあると思います。こんな時こそチャンス！　今サロンには無いが、作ればアピール度満点のウリのアイデアがそこにはあるのですから！

分析して「可能性」を発見したら、ぜひ実際に形のある「ウリ」として現実化させてください。

7 オリジナルメニューはまるでお子様ランチ

メニューを「フェイシャルエステ60分　7200円」、「レイキヒーリング60分　8000円」等、一般的なメニュー名＋金額だけで表現しているサロンが多いです。

これをやってしまうとお客様は金額以外でサロンを検討することができなくなり、自ら価格競争に足を踏み入れるようなものです。

ウリの正体が、

「お客様の悩み（願望）」×「サロンの強み」

であることが理解できたら、この考え方を応用してあなたのサロンだけのオリジナルメニューをつくりましょう。オリジナルメニューづくりは価格競争から抜け出し、お客様に選ばれるサロンになるための第一歩です。

オリジナルメニューは「お子様ランチ」

セラピストさんの多くが、

「セラピーって目に見えない形のないものだから、売りにくいわ」とおっしゃいます。

確かにサロンで提供しているメニューに形はありません。でも、これはデメリットばかりではないのです。形がないものだからこそ、自分で自由に組み合わせたり名前をつけたりして「形のあるもの」にしてしまえるというメリットがあります。

形のないメニューを、お客様の悩みを解決したり、願望を実現したりするためにウリを散りばめて形にしたものが「オリジナルメニュー」です。

オリジナルメニューはレストランでいえば「お子様ランチ」のようなもの。小さな子どもがいるママさんのために、子どもが好きなハンバーグ・エビフライ・タコさんウインナーなどのおかずにチキンライスをつけて、ちゃんと野菜もたべられるようにサラダも添え、ひっくり返さないようにワンプレートにした「ママのためのオリジナルメニュー」がお子様ランチですよね。

サロンが提供できるメニューを、お客様目線で組み替えたオリジナルメニューとして開発

分析したウリからオリジナルメニューを形にしよう！

〈 売り分析シート
抱っこ肩こり解消アロマ分析例 〉

「ウリ分析シート」を縦に読んでいくと、オリジナルメニューでのアピールすべき点が見える！

	C 抱っこ肩こりがつらい
1 整体院仕込みのガッツリ施術	C1 整体院仕込みのガッツリ施術
2 高級精油ブレンド知識	C2 筋肉をほぐす○○と○○を中心にブレンド
3 食生活アドバイス	C3 バランスのとれた食品などのアドバイス
4 プライベート空間	C4 ゆったりできるからなんでも聞ける、日常から解放される
5 早朝深夜受付	C5 本当に必要な時に施術が受けられる

〈 ホームページの画像
抱っこ肩こり解消アロマの流れ 〉

縦に読んでいくと、オリジナルメニューでのアピールすべき点が見える！

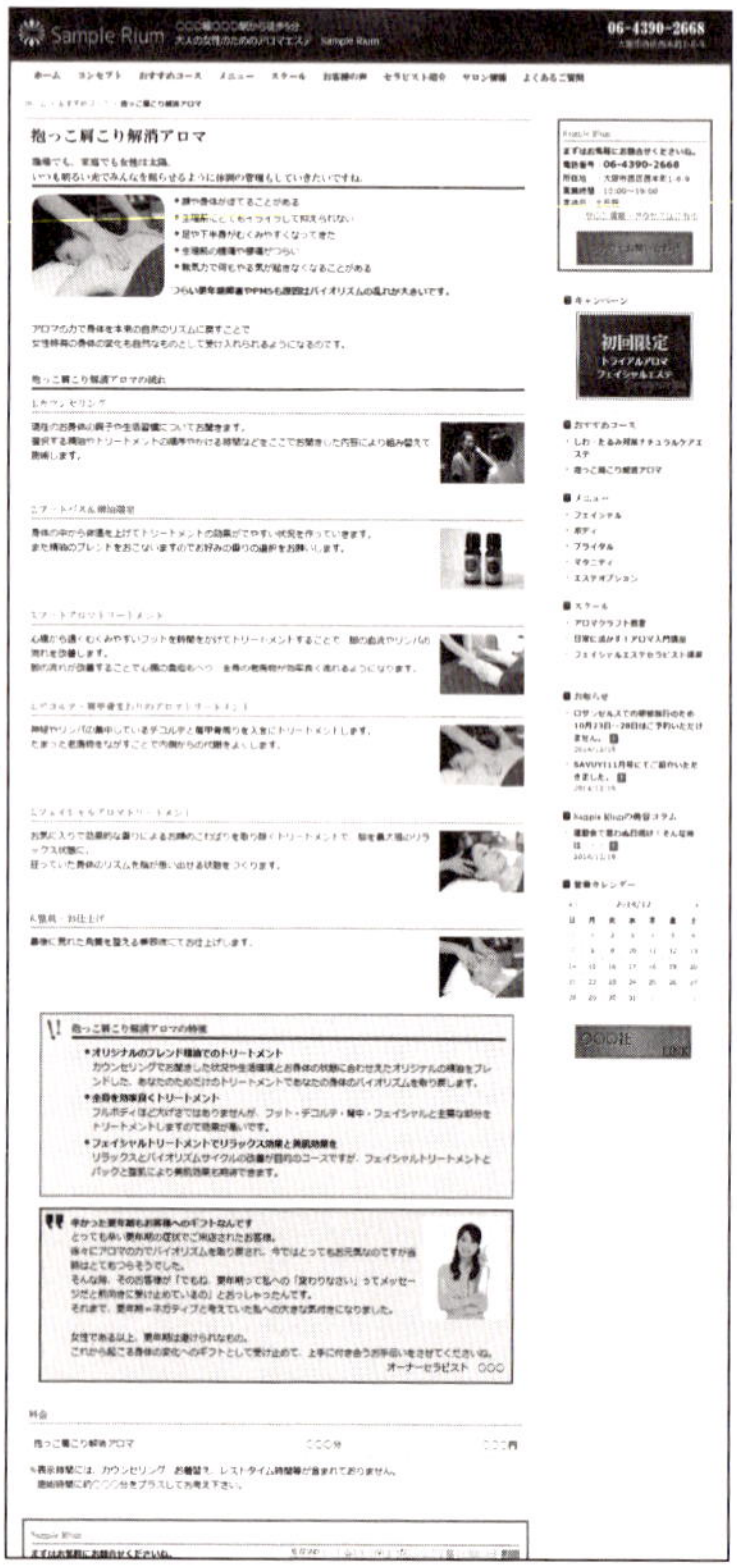

分析したウリを「AIDA」の流れで説明すれば、サロンオリジナルのスペシャルが開発できる！

してアピールすれば、お客様に伝わりやすくなり、価格面での競争からのがれることができるのです。

あなたのサロンの「お子様ランチ」はいったいどんなオリジナルメニューになるでしょうか？

あなたのサロンだけのオリジナルメニューをつくる方法

オリジナルメニューの基本は「お客様目線」。お客様の問題解決や願望実現ができるメニューであるということがわかるように、サロンで提供しているセラピーの切り口を変えたり、場合によっては組み合わせたりしてオリジナルメニューをつくりましょう。

ウリ分析で考えた、ペルソナさんの悩みからオリジナルメニュー内容を組み立てる

ペルソナさんの悩みを解決する(あるいは願望実現する)メニュー内容を考えてみましょう。

たとえば、ペルソナさんが普段パソコンを使った仕事がメインのOLさんの場合、「パソコンの使いすぎで、肩と首が凝る」という悩みがあると分析したとします。この悩みを、セラピーで解決しますよ、というオリジナルメニューをつくるのです。

『アロマトリートメント　ボディ　80分』

↓パソコンなどを多く使う方の肩や首のストレスに！

のように、メニューが悩みに対応する、という表現ではなく、

『PC肩首ストレス対応アロマコース』

↓アロマトリートメントで、パソコン利用に多い肩と首のストレスを癒やします。

ネーミングから、ペルソナさんの悩みを解決するためのオリジナルのメニューであることが分かるように表現するのです。そして、その名前にふさわしいセラピー内容もあわせて考えましょう。

一つのセラピーの詳細を悩みの解決に合わせるだけでなく、複数のセラピーを組み合わせたオリジナルメニューにすることもできるはずです。

ウリ分析の交差点を縦に見て、オリジナルメニューに肉付けしていく

オリジナルメニューのセラピー内容が組み立てられたら、そこでアピールするウリを肉付けしていきましょう。ウリ分析にヒントが多くあるはずです。

ペルソナさんの悩み（願望）とサロンの強みの交差点を、考えたオリジナルメニューが対

応する悩み（願望）から、縦方向に見て行きましょう。オリジナルメニューが対応する悩みや願望を、サロンの強みで解決しているポイントが分析されているはずですから、ここでの分析結果をオリジナルメニューのアピールポイントとして組み入れられないかを考えましょう。

「AIDA」の流れにそって、オリジナルメニューを説明してみる

オリジナルメニューの内容が固まったら、お客様に説明する流れにそって全体像を考えてみましょう。

第一章『メニュー説明の「順番間違い」はいきなりプロポーズしてフラれるのと一緒！』で説明した「AIDA」モデルの流れに沿ってオリジナルメニューを説明してみましょう。

オリジナルメニューが解決する悩みは？　その根本原因と解決策は？　具体的な流れは？　特徴は？　セラピストからのおすすめの一言は？　というように、お客様にご説明することを想定して具体化していくと、オリジナルメニューがどんどん形になっていきます。

小さなサロンのネット集客ポイント28

サロンの強みは自分でオリジナルメニューを作ってしまえること

Column

なんでもご相談ください！は上から目線？

本来、セラピーとはご来店されたお客様の要望に合わせて行うのが基本なので、「お客様の悩みを解決する（お客様の願望を実現する）」のが当たり前です。ですからどうしても「なんでもご相談ください」という姿勢になってしまいがちです。

ですが、お客様の悩みや願望に先回りしないことは「悩みを聞いて、合わせてセラピーしてあげるから、とにかくサロンに来なさい」という上から目線の態度の表明でもあるのです。

お客様を大切にするのなら、オリジナルメニューをつくってお客様目線で悩みや願望に先回りしてあげるという努力をしてみましょう。

8
サロンの強みはリアル！人を活かした集客術

10年ほど前まではホームページを作って公開していただけで、問い合わせやご予約が入ったものでした。なぜか？　単に、当時はホームページがあるサロンのほうが珍しかったからです。

現在はどうでしょうか？　逆にホームページがないサロンのほうが珍しい時代ですね。サロンにホームページがあるのは当たり前、ブログがあるのは当たり前。ＳＮＳでの情報発信は当たり前、すべて「当たり前」なのです。

ですから、単にホームページやブログがある、ＳＮＳを使っているだけでは集客に結びつけることが難しくなっているのです。

サロンの強みはリアル。リアルを活かしたインターネット集客を

サロンは地域に根を張った「地域密着型」の商売です。そして**サロンの強みは「セラピス**

ト＝人」です。

ですから地域に対して、セラピストが積極的に関わることが、新規のお客様開拓に最も効率的です。

ママ友やPTAなどの個人的な地域の人々とのつながり、同業のサロンとの横のつながり、異業種の経営者との関係、地域イベントへの出展……などリアルのつながりをインターネットと組み合わせて集客に活用することを考えてみましょう。

「ママ向けの勉強会を子育てサークルにて開催して、受講者にホームページを見ていただくよう誘導する」、

「同じようなターゲットのカフェとコラボして、ハンドマッサージの体験イベントを行い、来場者をSNSでフォローする」

など、リアルの動きとインターネットでの集客手段を組み合わせることで、集客の効果を2倍にも3倍にも高めることができるのです。

リアルとインターネットを連携させるための3つのヒント

次の3つの点に気をつけると、リアルとインターネットの連携がスムーズです。まずは取

リアルからインターネットに誘導する流れを意識しよう

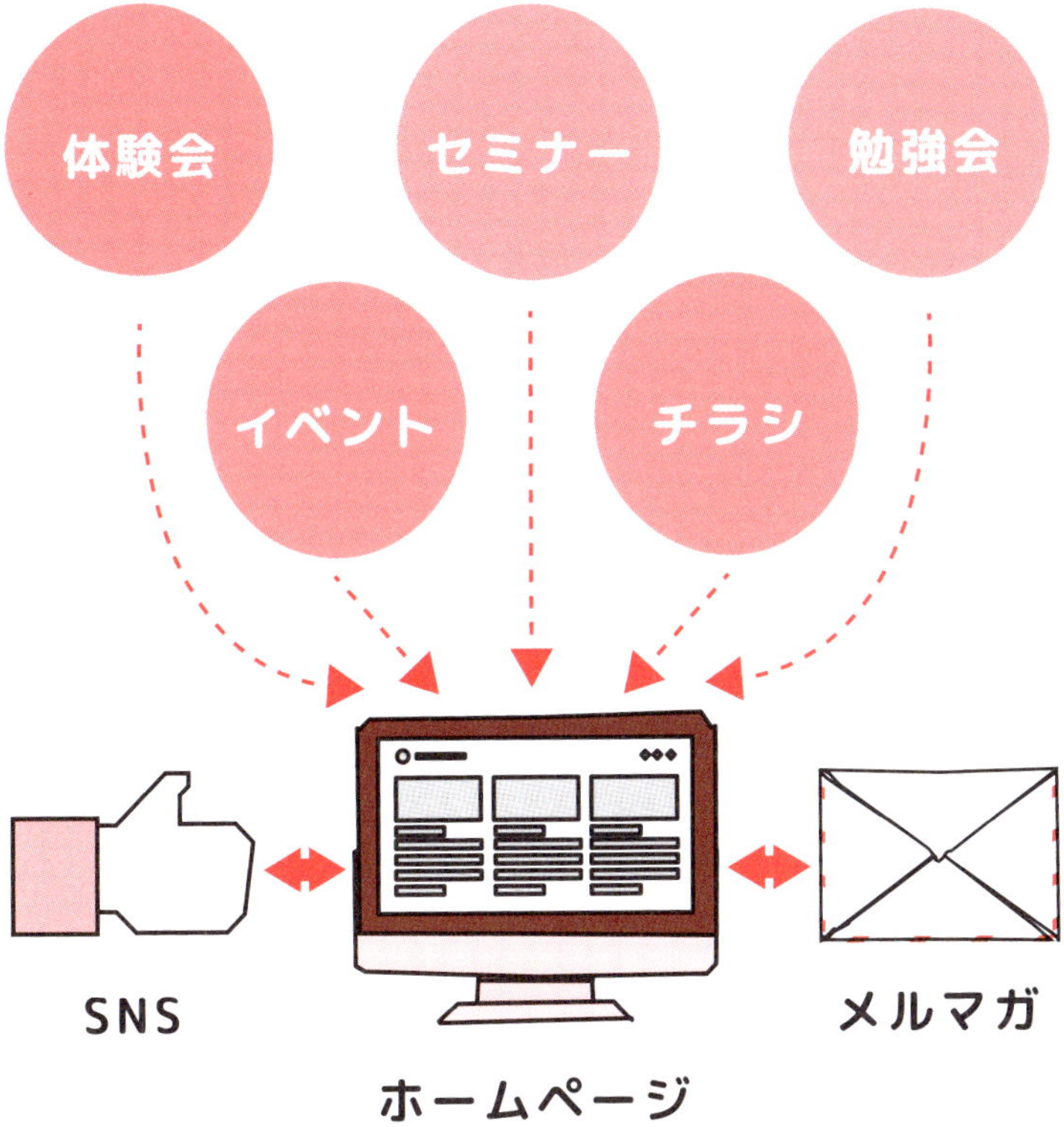

体験会
セミナー
勉強会
イベント
チラシ
SNS
メルマガ
ホームページ

り組めるところからでいいので行動してみましょう。

1 ペルソナさんのいる場所を考えてみる

理想のお客様像「ペルソナさん」にはどこに行けば会えるでしょうか。その場所で何か情報発信活動ができればお客様と出会える可能性が高くなります。

ペルソナさんの生活を想像して、どんな場所にペルソナさんが立ち寄り、どんな情報を見聞きしているのかを考えてみましょう。

主婦であれば、近所のカフェ？　大きなスーパー？　アートフラワー教室？　ＯＬさんであれば、異業種交流会？　お料理教室？　スポーツジム？　など想像をふくらませて具体的に考えてみましょう。

2 コラボは相手のメリットを考えて

ペルソナさんと出会えそうな場所の見当がついたら、そこの場所で情報発信活動ができないかを打診しましょう。

ペルソナさんがいそうなカフェ、子育てサークル、異業種交流会、学校のＰＴＡ、地域のカルチャーセンターやお教室などなど、そんな場所の主催者に情報発信活動を提案するのです。


この時、自分のサロンの都合や思惑だけを一方的に主張しないで、

「私もこのカフェのチラシをサロンに置くので、チラシを置かせてください」、

「私がこんな講座をすれば、集客につながりますよ」、

「こんな体験コーナーを設ければ、お客様サービスになりますよ」

……というコラボ先のメリットを第一に考えて提案しましょう。そうすれば、ペルソナさんが集まる場所の主催者さんもきっとコラボの提案を受け入れてくれるはずです。

3 リアルからインターネットへの誘導の「しかけ」がポイント

実際にお客様候補に対して情報発信活動を行う時のポイントは、インターネットへの誘導のしかけです。

ホームページやブログのアドレスが入ったチラシを配布する、フェイスブックページのいいね！をすると何か特典をつける、アンケートでメールアドレスをお聞きしてメルマガでフォローする……など、リアルでの情報発信活動だけで終わらず、インターネットにつながるようにしかけを用意するようにしましょう。そうすれば、単なるリアルでの活動、単なるインターネットでの情報発信ではなく両者が連携し効果が出やすくなります。

小さなサロンのネット集客ポイント29

リアルとインターネットの連動で即効性のある集客を

Column

すべてのお客様接点にインターネットへの誘導を

名刺、チラシ、ショップカード、店内のポスター、アンケート……お客様の目に触れる可能性のあるすべてのツールには、必ずホームページのアドレスやSNSのアカウント情報などのインターネットへの誘導を掲載するようにしましょう。

1章で述べたようなサロンのことを丁寧に説明する自分の分身のようなホームページを公開しているのであれば、少しの可能性でもいいのでホームページへの誘導を行うことが、ご来店につながるきっかけになるはずです。

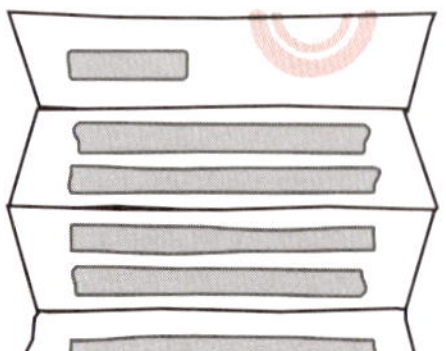

アンケート

店内ポスター

名刺

9 集客の後が描けると安定繁盛店に♥

「4・5年前はホームページからご新規様がどんどん来ていたのに」、「ブログを更新すれば自然にご来店につながっていたのに」と、昔のインターネット集客の成功話を耳にすることがあります。

ホームページやブログを駆使してアクセスを集めご来店が増えたとしても、その状態が長く続く保証はありません。

現実の世界でもライバル店が増える中、インターネット内の競争も日に日に激しくなりますし、景気の動向も変わります。インターネットでの情報発信の方法やテクニックもどんどん新しくなります。

インターネットでの新規集客はさまざまな要因に左右されやすく、一つのやり方で継続して成功をおさめるのが難しいものなのです。

必要なのは既存客フォローと見込客フォロー

景気や時代の流れに影響を受けにくい、安定的な繁盛店になるために必要なことは「お客様を放ったらかし」にしないことです。

見込みのあるお客様とコンタクトがとれたのにそのまま放ったらかしにしたり、ご来店されたお客様を放ったらかしにしたりしていると、常に新規集客に頼った売上構造のサロンになってしまいます。

一度でも接触したお客様・お客様候補を継続的にフォローしてご来店につなげるという「集客の後」のことを準備しておくことが、安定繁盛店になるために必要なのです。

お客様フォローには大きく2つの種類があります。

既存客のフォロー

来店してもらったお客様に、再度ご来店いただくためのフォローです。通常、フォローというと思い浮かべるのはこの既存客のフォローですね。

ご来店いただいているのですから、住所やメールアドレスなどのフォローに必要な情報はカルテなどで入手できているはずです。この情報をもとに継続的にフォローしていくことが、リピーターを増やし、サロンの売上を安定させます。

見込客のフォロー

意外に見落としがちなのがこの見込客のフォローです。ホームページやブログを訪れたお客様候補、SNSで繋がったお客様候補、イベントに来てくださったお客様候補のようにサロンにご興味をもっていただいているが、まだお客様にはなっていないお客様候補をフォローするのです。

新規の集客活動を行ってお客様候補とつながったら、その方を放ったらかしにしないでフォローしておくことで、自然に新規のお客様が途切れない状態をつくるのです。

既存客・見込客のフォローの5つの切り口

サロンが行う、集客の後の既存客・見込客フォローの取り組みとしては次の5つが考えられます。上手に組み合わせて集客の後のフォローの仕組みをつくりましょう。

集客の「後」が肝心！フォローの体制を整えておこう！

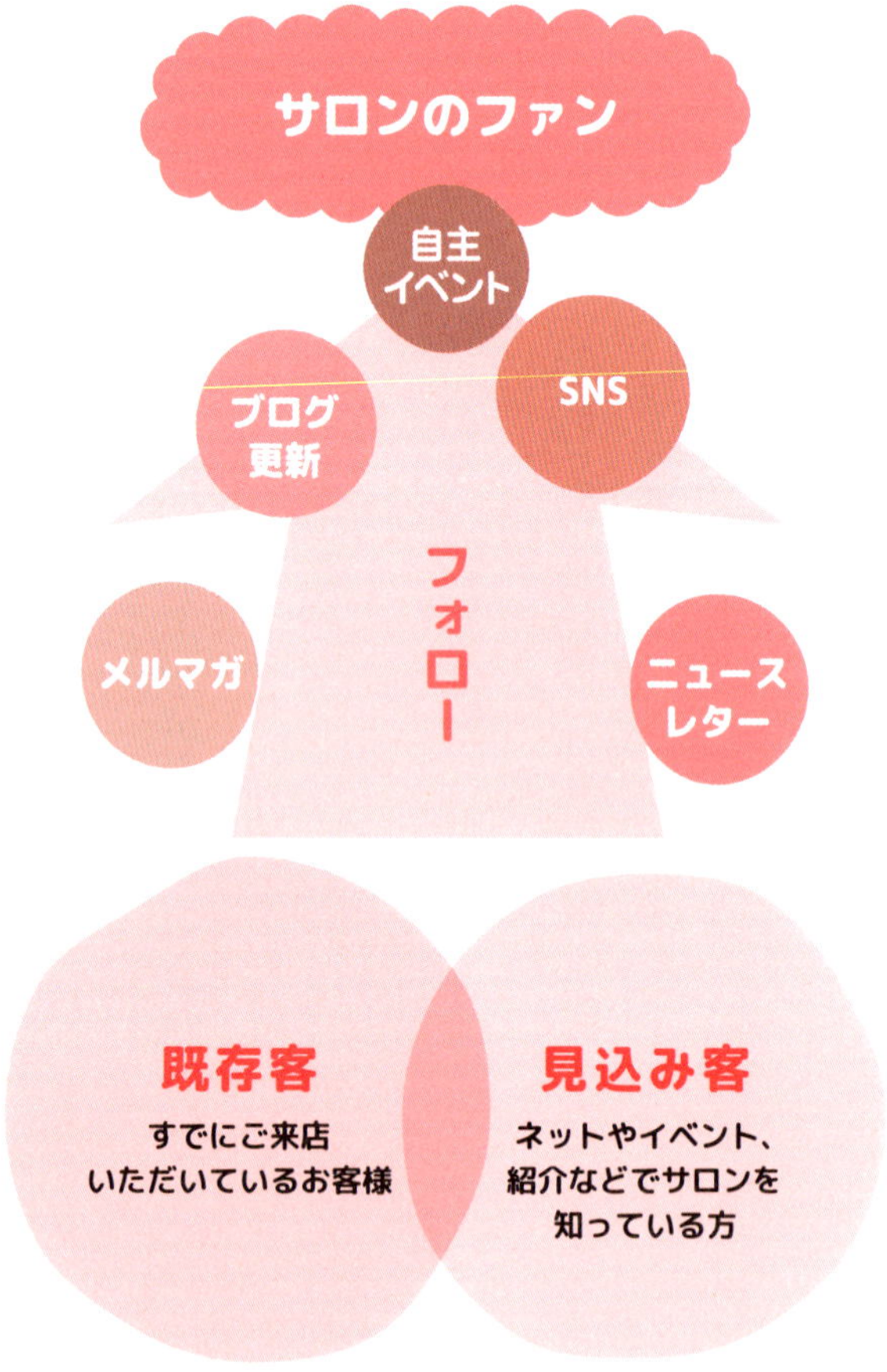
サロンのファン
自主イベント
ブログ更新
SNS
フォロー
メルマガ
ニュースレター
既存客
すでにご来店いただいているお客様
見込み客
ネットやイベント、紹介などでサロンを知っている方

既存客と見込み客はフォローすることで「ファン」になる！
ファンがいっぱいのサロンになるにはフォローの仕組みが必要！

ブログ・コラム更新

ブログやホームページ内のコラムで「自分でできるお肌のお手入れ」や「日常に使える色彩心理の基本」などのお客様に役立つ情報を発信します。既存のお客様に対してはご来店いただけない間のケアになりますし、お客様候補に対してはサロンへの来店意識を高める情報発信になります。ただ、ブログやコラムの更新は受け身のフォローであることは理解しておきましょう。

SNSでのフォロー

SNSのプライベートのアカウントやサロンのアカウントでお客様とつながりましょう。ホームページやチラシ、名刺などにSNSでのフォローを呼びかける記載を行うとともに、接触したお客様・お客様候補に呼びかけ、積極的にSNSでお友達になるのです。

プライベートやサロンのアカウントでのフォローを行えば、お客様の「サロンへ行きたい」というニーズが高まった時に一番近くにいるサロンでいることができます。

メールマガジンでのフォロー

SNSで情報発信フォローしているからといって、メールでのフォローをおろそかにしてはいけません。SNSでのフォローと違って、メールでのフォローはお客様・お客様候補に「直接・個人的」に届く力を持っているからです。この「直接・個人的」という特性を活かして、メルマガ読者さん限定の裏情報や限定サービスなどをお送りしてもよいでしょう。

またブログやコラムの更新をまとめ、リンクを記載したダイジェストを送るのも効果的です。

ニュースレター・DM等の送付物フォロー

提供しているメニューにもよりますが、お客様のご自宅に郵送物を送れる状況であれば、ニュースレターやダイレクトメールをお送りするのも効果的です。形のある情報発信は、デジタルに比べインパクトが強くなりますし、お客様に喜ばれることも多いです。ただし手間やコストがデジタルに比べて格段に高くなりますので、頻度は少なめにして送付しない期間はメルマガで補足する。というようなリアルとデジタルの合わせ技をおすすめします。

自主イベント（お茶会・勉強会）の開催

小さなサロンの強みは「人」。ですから一番のフォローはセラピストとお客様が「接触」することです。施術以外での非公式な接触は最高のお客様フォローになります。この非公式な接触を実現するのがサロンが開催する「イベント」です。「ランチ会」「勉強会」「お茶会」などの気軽に参加できるイベントを定期的に開催することで、既存客や見込客とセラピストが気軽に接触できる回数を増やすことがフォローに効果的です。

たくさんの人を集めても、その後のフォローがないとご来店は続かない

Column

繁盛サロンには必ずフォローの仕組みがある！

私がこれまで小さなサロンのご相談を受けて来て確信するのは**「継続繁盛サロンには、必ずフォローの仕組みがある」**ということです。**一時のブームに乗って瞬間的に繁盛したサロンではなく、息長く繁盛しているサロンには必ずフォローの仕組みがある**のです。ＳＮＳやメルマガや顧客管理システムといったデジタルの仕組みに限らず、手書きカルテやお客様ノートなどの記録や手描きのお手紙やオーナーの直メールなどのアナログな仕組みも多く見られました。もしあなたが継続的な繁盛サロンを目指しているのであれば、必ずなんらかのフォローの仕組みをつくることを心がけてください。フォローはすぐには結果がでませんが、必ずあなたのサロンを支えてくれる重要な仕組みになります。

10

「ブランド」の正体は、サロンのウリをはっきり認識すること!

自分のサロンのウリや強みをまとめるセミナーに参加したり、的確なアドバイスをくれるコンサルタントを活用したりするセラピストさんがおられます。

しかし、せっかく明確になったそのウリを、実際の集客に活用していないサロンが多い。

ウリは飾りではなく、使わなければ意味がないのです。

すべてのお客様との接点にウリが反映されるように

明確になったウリを、全てのお客様との接点に反映していきましょう。

ホームページ・ブログ・SNS・メールマガジンなどのインターネットでの集客ツールにおいてはもちろん、チラシやイベントから名刺、店舗の内装やおもてなし、セラピストが話す内容にまで、すべてにおいてサロンのウリを意識して反映させます。

これが実現できれば、**お客様のあなたのサロンに対する認識が「あなたのサロン=こんな**

ウリのサロン」と統一されます。

「あなたのサロン＝こんなウリ」という認識、これが「ブランド」の正体です。ウリを明確にして全てのお客様との接点に反映させることは、ブランドサロンへの第一歩なのです。

まとめたウリはここで使う！

サロンの理念「なんのために」の使い方

サロンの経営目的＝究極の目標である「理念」は、お客様にもわかるように工夫して、サロンのキャッチコピーに利用してみましょう。

キャッチコピーはすべての集客ツールに記載します。また、なぜこの理念に行き着いたのかという想いや経緯をホームページの「サロンコンセプト」ページなどでお客様に説明しましょう。

明確にした「ウリ」を積極的に使いましょう！

サロンの理念

あなたのお店が世の中に必要な理由	お店の商品・サービスが世の中に必要な理由	大切にしている想いや価値観
いろいろなことで疲れている大人の女性が、本当にホッとできる場所がないから	現代社会のなかでわすれた「自然のリズム」を取り戻すため。心身両面の癒やし	人も自然の一部 本来は人間は健康なもの。それを自ら害している。忘れている

すべては（自然な自分を取り戻して輝ける）ために

なんのためにお店をやっているのかを説明してみましょう

文明の発達は便利だけど、人間は自然のリズムを忘れてしまっている調子を崩している人が多い。アロマの持つ自然の力で、自分を取り戻していただけたら、誰でももっと輝ける！

◯ホームページやチラシのキャッチコピー
◯ホームページのサロンコンセプトページ

サロンのビジョン

5年後…… 2000 年 ○月 ○ 日にはどんなお店が見えますか？

どんな環境で？（場所やスタッフ）	誰に？（どんなお客様に）	どんなものを提供している？（付加価値含む）
○○駅から5分の高級マンションを借りて、サロン専用に！ 教室の生徒さんが一人手伝ってくれて2ベッド体制に	○○市の忙しい大人の女性。ちょっと高級なサロンに気軽に来れる感じ	アロマトリートメント（フェイシャル・ボディ）メンタルケアメニューレイキ お料理含めた講習会

すべての情報発信をビジョンとズレがないかという基準でチェック！

サロンのドメイン

お店目線の「強み」

提供サービスの強み
整体院仕込みの手技
質の高い精油を使用
アロマブレンドの知識・食生活までフォロー

提供する人の強み
35歳まで商社で培ったキャリア経験
整体院仕込みの手技
食の知識

価格面の強み
普通のサロンよりもちょっと高め

提供方法の強み
早朝・深夜受付
デイタイムは1日2名様までのプライベートサロン

ペルソナさん

名前
レイコさん
イラスト

大切にしている価値観
わたしも大切
あなたも大切
がんばりすぎないこと
自然派

プロフィール
・性別 女性
・年齢 38歳
・住所 ○○市○○町
・家の形態
分譲マンション

・職業
大きな会社の総合職
・家族構成
独身彼氏はいる
パートナー的な
実家からは最近「結婚」について言われなくなってきた…

何を見ている？聞いてる？
断捨離とか生活改善の本
仕事のスキルの勉強
自然食などの本

どこにいけば会える？
ヨガ教室 ジム
料理教室などの習い事
ボランティアとかも

お客様目線の「価値」

得られる価値
心身のリラックス
「やってもらった」感のある施術

人のどこに共感する？
仕事の悩みとかも相談できる
手技の力強さ

いくらなら払う？
1万円くらい？

どんな利便性がある？
勝負！という時にサロンに来れる！
自分だけで贅沢できる！

◯デザイン、色、言葉遣い、価格などは「ペルソナさん」に合わせて
◯チラシやホームページでは「強み」よりも「価値」をアピールするように

サロンのウリ

お店の強み ＼ お客様の悩み・願望	A 眼精疲労 肩こり	B 冷え性	C PMS	D 肌荒れ
1 整体院仕込みのガッツリ施術	A1 背骨の歪みからのアプローチ	B1 下半身のゆがみへのアプローチ	C1 整体院仕込みのガッツリ施術	D1 整体院仕込みのガッツリ施術
2 高級精油ブレンド知識	A2 目によい○○と○○を中心にブレンド	B2 体を温める○○と○○を中心にブレンド	C2 ホルモンバランスを整える○○と○○を中心にブレンド	D2 胃腸を整える○○と○○を中心にブレンド
3 食生活アドバイス	A3 目に良い食品などのアドバイス	B3 体を温める食品などのアドバイス	C3 ホルモンバランスを整える食品などのアドバイス	D3 胃腸によい食品などのアドバイス
4 プライベート空間	A4 ← ゆったりできるからなんでも聞ける、日常から解放される →	B4	C4	D4
5 早朝深夜受付	A5 ← 本当に必要な時に施術が受けられる →	B5	C5	D5

◯使えそうな「ウリ」はホームページでも前面に
◯オリジナルメニューはホームページやチラシでも前面にアピール

下ごしらえしたウリに戻って考えると、ブレなく情報発信が行えます。

例）

サロンの理念　「すべてはママが自分の身体に気づき、自分を愛せる時間のために」

↓

キャッチコピー　「ママが身体に気づいて自分を好きになるサロン　〇〇〇」

サロンのビジョン「どうなりたい」の使い方

サロンの将来像であるビジョンは直接集客メッセージになりにくいですが、現在の方向性が正しいのかを確かめる指針になります。

描いたサロンのビジョンと現在提供しているセラピーや打ち出しているコンセプト、ターゲットとしているお客様がズレていないかを確認しましょう。

もし現在のまま進んでもビジョンに行き着かないと思われた場合は、現在を修正する必要があります。

ペルソナさんの使い方

理想のお客様像であるペルソナさんは、すべての集客ツールを作成する際の基準になります。色・言葉遣い・アピールする内容……すべてがペルソナさんに向けて作成されていなければなりません。また、リアルでの集客を検討する際にペルソナさんが集まる場所や、ペルソナさんに影響力を持つ人を考えることも非常に有効です。

「強み」と「価値」の使い方

他のサロンと比べて強いところが「強み」、その強みがお客様にもたらすメリットが「価値」でした。

多くのサロンが勘違いしているのが、「強み」をアピールしてしまっていること。

お客様にとって「強み」は「価値」の理由でしかないのです。ですから、ホームページやチラシなどの集客ツールでは、お客様がサロンに来ることで得られる「価値」をアピールし、その根拠・理由として「強み」を使うのです。

例）×　オイルや化粧品はすべてオーガニックなものを使用しています

↓お肌の弱いお客様でも安心です

⇦

○　お肌の弱いお客様でも安心してお通いいただけるサロンです

↓（なぜならオイルや化粧品はすべてオーガニックなものを使用しているからです）

「ウリ」「オリジナルメニュー」の使い方

ペルソナさんの悩みを、サロンの強みで解決できる「ウリ」は、余すことなく集客に使いましょう。ウリをベースに開発した「オリジナルメニュー」はホームページやチラシでアピールしましょう。

また、人に関するウリはセラピストのプロフィールに、サロンの場所としてのウリはサロン情報に記載するようにしましょう。

小さなサロンのネット集客ポイント31

すべてのお客様との接点にウリを反映させることがブランドサロンへの第一歩

Column

ウリは定期的に見直すべし！

最初につくったウリは、机上での想定でしかありません。つくったウリを実際のお客様にアピールしてはじめて、その反応や反響によって想定が正しかったのかがわかるのです。

ですから一度サロンのウリをつくったからといって、そのウリを固定していてはいけません。世の中やお客様やライバルも変化します。サロンの強みも成長します。少なくとも1年に一度は「なんのために？」を出発点にウリを見なおして、ウリをアップグレードしましょう。

お疲れさまでした‼
これで知識はバッチリですね。
あとは実際にお客様に、
あなたのステキを伝えてみよう！

おわりに

マーケティングはお客様へのラブレター

本書を読むまでは「マーケティング・集客」と聞くと「売り込むこと」というイメージをもっていたのではないでしょうか。でも、それは大間違いですよね。サロンが行うマーケティングは「お客様へ向けたラブレター」であるということがお分かりいただけたかと思います。

本当は誠実な想いでサロンを経営しているのに、間違った考え方、伝え方をしているために集客できない、お客様に誤解されてしまっているサロンがたくさんあります。そんな陥りがちな失敗をあげて、どのように考えればよいのか、どのような伝え方をすればよいのかを解説したのが本書です。

本書でご紹介しているありがちな失敗例も、その改善策も、根底になければならない考え方も、私が実際にサロンオーナーであるセラピストさんをコンサルティングし、得た気づきがベースになっています。いわば、この本は多くの小さなサロンのセラピストさんたちが集客に取り組んだ、汗と涙の結晶なのです。

ですから、

「ホームページセラピスト写真を笑顔のものに変えてみた」「ブログで友達のサロンを紹介した」「ＳＮＳでブログの更新をシェアした」……。

どんな些細な行動でもＯＫです。本書をお読みいただいたら、必ず何かの「行動」を起こしてみてください。どんなに知恵をつけても、それを行動に移さなければお客様には伝わりません。多くのセラピストさんたちの失敗と成功を活かしていただければ幸いです

本書をひと通りお読みいただければ、小さなサロンのオーナーがインターネットを活用して集客するための基本知識はバッチリです。

願わくは本書から得た知識で、あなたのサロンらしい『売り込まないネット集客術』を編み出していただきたい。

そうすれば、あなたのサロンは無理せずともお客様に愛され、ずっと繁盛するサロンになるはずです。

そんなサロンが全国に増えれば……かならず日本は自分らしく生きる人にあふれたすばらしい国になるはずです。

皆さまのご健闘をお祈りいたします！

穂口大悟

BOOK Collection

女性が幸せになるためのゼロから始める

サロンしたたか開業術

「仕事だけじゃイヤ！」「でも家庭だけに収まるのもイヤ！」。そんなワガママを叶えてくれる粗利600万生活。仕事とプライベートをバランス良く保ちながら「粗利600万」を手に入れることは可能です！　著者の興味深い体験談を盛り込みつつ、充実した人生を送るためのノウハウが満載です。

●太田めぐみ 著　●四六判　●194頁　●本体1,300円＋税

現場を〝本当に知っている〟エステコンサルタントが生み出した！

新 サロン経営ノウハウ講座

病年間 2,000 人のビューティーセラピストやサロン経営者がクチコミで集う人気の実践型プロ向け経営講座を初公開!!「接客マナー」「カウンセリング」「会話力」等のお客様へのアプローチ方法と「メニュー」「物販」「年間計画」などを紹介。

●森柾秀美 著　●四六判　● 178 頁　●本体 1,600 円＋税

お客様に愛される　接し方・話し方

サロン繁栄の接客術。あなたは本当にお客様に信頼され、愛される存在ですか? NHK、TBS、テレビ東京などでアナウンサーとして活躍し、カラーセラピストでもある著者が、コミュニケーション能力が向上する 11 の法則をレッスンします。

●大平雅美 著　● A5 判　● 144 頁　●本体 1,400 円+税

サロンを日本一に導いたオーナーが教える

愛されるエステティシャンの秘密!

エステティックグランプリ全国1位を獲得したサロンオーナーであり、現場で優秀な人材の育成に携わってきた著者が、愛されるエステティシャンになるための秘訣を解き明かします。全国7人の愛されエステティシャンが語る仕事観にも注目の、エステティシャン、美容師、ネイリスト…、美容業界を志すすべての人に、必読の書です。

●榎戸淳一 著　●四六判　●184頁　●本体1,500円＋税

私らしいサロンを作る

サロン開業！ はじめの一歩。

30名の一流セラピストたちと専門家13名がサロン開業、運営、繁盛の四大秘訣を教えます。セラピスト誌に掲載されたサロン開業と運営の成功例とノウハウを満載した、サロン開業を夢みる女性のためのムックです。セラピスト編集部が12年にわたり取材してきたサロン繁栄のエッセンスの集大成。読み応えのある一冊です。

●セラピスト編集部 著　●B5判　●168頁　●本体1,700円＋税

BOOK Collection

心療内科の現場でも実践!

「心の治癒力」をスイッチ ON！

人は誰でも「心の治癒力」（自分を癒す力）を持っていますが、その力が十分に発揮されないと抱えている悩みや問題は解決されません。本書では、クライアントの「心の治癒力」を最大限に引きだすためのコミュニケーションスキルを現役医師がご紹介します。セラピスト、カウンセラー、看護師、医師など、心身のケアに携わる全ての人に必携の1冊です。

●黒丸尊治 著　●四六判　●224頁　●本体1,500円+税

ドクター奥田　セラピストのための

ストレスケア入門

<精神科医が書いた自己マネジメント術>ストレスと上手につきあうと、やる気や行動力が強化され、自分の希望や目標がどんどん実現し始めます。目次:STEP1　セルフサポートコーチングを始めよう! ／ STEP2　ストレスケアからすべては始まる／ STEP3　マイ・ストレスサインが点灯した時のストレスケアの方法　他

●奥田弘美 著　●四六判　●240頁　●本体1,600円+税

現代に求められるセラピストになるためのガイダンス

即実行! オンリーワンのセラピストになる!

「セラピストの学校」校長が、セラピストを目指す人&これからも活躍したいすべてのセラピストへ贈る!

　あなたはどんなセラピストになりたいですか? 4つのタイプ×4つのスタイルで、セラピストを分類。サロンの間取り、スケジュール、アイテムなど、いま活躍中のセラピストたちの実例集が満載です。

●谷口晋一 著　●四六判　●196頁　●本体1,500円+税

一度でも悩んだことのある人は

きっと素晴らしい心理カウンセラーになれる

多方面で活躍中の著者が、OL から一念発起してプロの心理カウンセラーになり、メンタルトレーナーとして五輪選手を支えたり各方面で活躍するまでの、半自伝的な実用書です。プロのカウンセラーとして生きていくために大切なことがつまっています。

●浮世満理子 著　●四六判　●220頁　●本体1,400円+税

スポーツジャーナリスト・義田貴士の挑戦に学べ!

メンタルトレーナーをめざす人がはじめに読む本

一般社団法人 日本メンタルトレーナー協会推薦！限界を超えた能力を出すカギはメンタルにあり !! 自分も相手も才能をすべて発揮し、人生の充実感と成功を手に入れる！楽しいマンガで、義田貴士がメンタルトレーナーになるまでの軌跡を追いながら、メンタルトレーニングの基本から実践までしっかり学べる 1 冊。

●浮世満理子 著　●四六判　●256頁　●本体1,400円+税

小さなサロンのための

ネット音痴なあなたも!
売上200%UP!!

売り込まない ネット集客の極意

2015年6月12日　初版第1刷発行
2017年9月30日　　　第2刷発行

著　者　穂口大悟
発行者　東口敏郎
発行所　株式会社ＢＡＢジャパン
〒151-0073 東京都渋谷区笹塚1-30-11 中村ビル
TEL　03-3469-0135　　FAX　03-3469-0162
URL　http://www.bab.co.jp/　E-mail　shop@bab.co.jp
郵便振替 00140-7-116767
印刷・製本　大日本印刷株式会社

ISBN978-4-86220-910-8 C2077

■装丁：中野岳人
■本文デザイン：japan style design
■イラスト：谷岡茉莉花